물고기 뱃속의 지혜

RUDOLF STERTENBRINK
WEISHEIT AUS DEM BAUCH
Jeder erlebt Jonas Geschichte

Copyright © Verlag Herder Freiburg im Breisgau 1992
All rights reserved

Translated by KIM Son Tae
Korean translation copyright © 2005 by Benedict Press
Waegwan, Korea

Published by arrangement with Verlag Herder, Freiburg im Breisgau

물고기 뱃속의 지혜
2005년 1월 초판 | 2023년 2월 7쇄
옮긴이 · 김선태 | 펴낸이 · 박현동
펴낸곳 · 성 베네딕도회 왜관수도원 ⓒ 분도출판사
찍은곳 · 분도인쇄소
등록 · 1962년 5월 7일 라15호
04606 서울시 중구 장충단로 188(분도출판사 편집부)
39889 경북 칠곡군 왜관읍 관문로 61(분도인쇄소)
분도출판사 · 전화 02-2266-3605 · 팩스 02-2271-3605
분도인쇄소 · 전화 054-970-2400 · 팩스 054-971-0179
www.bundobook.co.kr
ISBN 978-89-419-0502-8 03230

이 책의 한국어판 저작권은
Verlag Herder와 독점 계약한 분도출판사에 있습니다.
저작권법에 의해 한국 내에서 보호를 받는 저작물이므로
무단 전재와 무단 복제를 금합니다.

루돌프 슈테르텐브링크

물고기 뱃속의 지혜
체험으로 읽는 요나 이야기

김선태 옮김

분도출판사

물고기 뱃속의 지혜 ● 차례

한국어 판에 부쳐 | 6
들어가는 말 | 8
요나서 본문 | 13

I 하느님의 사랑은
   달아나는 인간보다 더 빠르다 | 21

   요나에게 내린 하느님 말씀 | 22
   니느웨는 어디에 있는가? | 28
   인간은 모두 요나다 | 33
   하느님에게서 늘 달아나는 인간 | 39
   요나는 왜 도망치는가? | 46

II 빛을 향한 첫걸음은
   어둠 속에서 비로소 시작된다 | 51

   우리를 삼키는 것이 우리를 구원하는 것이다 | 52
   물고기 뱃속에서 살아난 요나 | 58
   물고기 뱃속에서 요나는 어떻게 변했나? | 65
   다시 육지에 발 딛게 하는 것은? | 71
   하느님은 늘 목적을 이루신다 — 요나하고도! | 77

III   죽으면 살리라 | 85

믿음의 도시 니느웨 | 86
회개는 "죽어 이루어지리라" 법칙에 따라 | 94
구원의 도시 니느웨 | 102
악이 아니라 선이 우리를 살린다 | 110

IV   하느님은 우리를 가르치신다 | 117

좁은 마음에 갇힌 예언자 | 118
요나는 가장 무서운 적이 자기 자신이라는 걸 모른다 | 125
하느님의 사랑을 이긴 죄는 없다 | 131
하느님은 결코 낙담하지 않으신다 | 140

부록 | 147

삶이 우리의 궁극 목적이다 | 148
다들 요나 같은 존재다(마야 토미의 양심성찰 8막) | 155

참고 문헌 | 167

한국어 판에 부쳐

나의 요나서 묵상집 *Weisheit aus dem Bauch*(Herder 1992)를 김선태 신부님이 한국어로 옮겨 펴내니 얼마나 기쁜지 모르겠습니다.

요나서의 지혜는 이 세상 삶을 진지하고 깊이 있게 살도록 이끌어 줍니다. 요나는 자기 고집대로 선택한 삶의 질곡에 빠져 새삼 많은 것을 체험하게 됩니다. 요나의 체험은 우리 삶의 여정에서도 자주 겪을 수 있는 것들입니다. 우리도 요나와 비슷한 처지에 있기 때문입니다.

우리는 요나에게서, 하느님이 일러 주신 길을 용감히 따르는 것이 올바르고, 또 많은 고통을 더는 일이라는 걸 배울 수 있습니다. 요나에게서 우리는, 빛으로 다가가 행복한 삶에 이르기 위해서는 힘겹고 암울한 상황들에 어떻게 대처해야 하는지도 배우게 됩니다. 우리에게 진정 위안과 용기를 주는 것은, 사랑이신 하느님은 결코 우리를 외면하지 않으시며, 오히려 큰 고통과 어려움을 겪을 때마다 더 우리 가까이서 좋은 길로 이끌어 주신다는 사실입니다.

이것은 체험의 몫이라, 우리 모두는 요나 이야기를 나름대로 체험하고 있습니다. 그래서 어떤 의미에서는 다들, 이 세상 어디 살든 또 하나의 요나입니다.

한국 독자들이 이 책을 두루 읽어, 요나의 하느님에게서 큰 기쁨을 누리기를 빕니다.

2004년 대림 시기, 함부르크에서
루돌프 슈테르텐브링크

들어가는 말

그대가 용기 잃고 쓰러질 때 요나를 생각하라.
그는 물고기 뱃속에서도 살아 나왔다.

프란치스코 드 살

이 책 제목이 미심쩍어 보일 수도 있다. 지혜의 자리는 대개 마음이지 뱃속이 아니기 때문이다. 또 우리가 '뱃속'이라는 말을 매우 부정적인 의미로 받아들이기 때문이다. '뱃속'은 저속한 충동을 좇는 물질주의적 태도를 상징한다. 그래서 사도 바울로는 세속적인 것만 생각하는 사람들에 대해 이렇게 말했다. "그들의 하느님은 뱃속입니다"(필립 3,19).

이것이 '뱃속'의 전부는 아니다. 우리는 "뱃심으로 결정 내렸다"는 말을 가끔 듣는다. 기분에 좌우되어 어떤 일을 결정했다는 뜻이다. 우리는 "삶에서 계획이 순탄하게 실현되는 경우가 드물며, 늘 앙금이 남아 문제를 일으키게 마련"(Walter Nigg)임을 익히 안다. 파스칼의 유명한 말을 조금 바꾸면 이러하다. "기분은 두뇌가 모르는 이성을 지닌다. 이런 예는 수천 가지 들 수 있다." 면접시험에서 지원자는 대개 좋은 인상을 주려고 노력하지만, 면접관은 '기분 나쁜 뱃속'으로 지원자를 대할지도 모른다.

이렇게 기분에 따라 결정하는 건 물론 나쁘다. 자기 느낌에 의존하는 사람은 스스로 진리 가까이에 있다고 생각하겠지만 실제로는 그렇지 않다는 것이 다양한 설문조사로 밝혀지기도 했다. '뱃속'은 우리로 하여금 이것은 좋고 저것은 나쁘다는 것을 느끼게 하는 기분, 혹은 느낌의 자리다.

마지막으로 '뱃속'은 발전·성숙하는 삶을 보호하면서 에워싸고, 그런 삶에 따스함과 평온을 베풀어 주는 그 무엇을 상징한다. 하지만 '뱃속'은 고통과 죄 그리고 죽음처럼 우리를 온전히 차지하고 삼키고 사로잡을 수 있는 것 모두를 상징하기도 한다. 이 상황에서 우리는 어떤 체험과 깨달음에 이르는가? 이 물음과 함께 우리는 구약의 요나서를 묵상하고자 한다.

여기서 요나서에 관해 상세히 언급한다는 것은 주제 넘은 일이다. 요나서는 구약성서 전체 이야기 가운데

단지 몇몇 측면만 다룬다. 요나서는 구약성서의 가장 짧은 문헌 가운데 하나다. 저자는 기원전 4~3세기경에 살았던 율법학자다.

우리는 요나의 하느님을 믿어야 한다. 우리 자신을 그분께 거리낌 없이 맡길 수 있다. 요나 이야기를 좀 더 자세히 살펴보면 이렇다: 이야기의 요체는 결국 요나의 삶 자체가 아니라, 심리적으로 매우 복잡다단한 예언자 요나와 함께 역사하시는 하느님의 사랑이다. 이 이야기는 하느님과 인간에 관해 묘사되었던 이야기 가운데 가장 깊고 아름답고 예술적이고 훌륭한 이야기다. 이 이야기가 셀 수 없이 회자되고, 그림과 조각으로 묘사된 것이 그리 놀랄 일은 아니다.

요나는 예수께서 그 활약상을 거론하셨던 네 예언자들 중 하나다. 다른 셋은 엘리야, 엘리사, 이사야다. 예수께서 요나 이야기를 당신의 삶과 죽음과 부활과 결부시키셨던 사실(마태 12,38-42 참조)에서, 우리는 요나 이야기가 그분께 얼마나 중요했던지를 알 수 있다.

흥미를 불러일으키는 이름 '요나'는 '비둘기'라는 뜻이다. 한스 발터 볼프Hans Walter Wolff는 『요나 주해서』에서, 구약성서에는 동물 이름과 같은 사람 이름이 40여 개나 있다고 했다. 그 이름들은 대부분 이렇다 할 의미를 지니고 있지 않다. 가령 '벼룩', '돼지', '두더지' 따위다. "호세아는 자기 백성을 비둘기에 비유했다. '에브라임은 비둘기처럼 어리석고 지각이 없다. 그들은 이집트에 부르짖고 아시리아로 간다'(호세 7,11). 요나는 바로 이런 에브라임 같은 인물이다. 그는 니느웨로 가야 하지만 다르싯으로 가고 싶어한다. … 따라서 성서 저자는 주인공이 하느님의 충실한 아들이어야 하지만 변덕스러운 마음의 소유자임을 이름을 통해 이미 알려 주고 있는 것이다." 이렇게 성서 저자가 사람 이름을 동물 이름과 관련지어 소개하고 있으니, 우리도 자신의 속성을 좀 더 깊이 깨닫기 위해 이렇게 물어 보자: 우리는 어떤 동물에 비유될 수 있을까?

요나 이야기를 깊이 묵상하면, 요나가 우리와 너무 비슷하여 그와 우리를 떼서 생각하기 힘들 정도다. 요나 이야기가 교훈을 주는 까닭이 바로 여기에 있다. 요나 이야기는, 우리가 어떻게 삶의 위기에 빠지는지, 그럴 때 어떤 태도를 취하는지를 잘 묘사하는 동시에, 그런 위기에서 성숙하고 강인한 모습으로 벗어나는 길도 제시한다. 이 점에서 요나 이야기는 문학적으로도 매우 가치있는 성서의 창조 이야기로 평가받는다. 이 이야기는 우리 모두가 깊이 신뢰하기에 충분한 체험과 고백을 담고 있다. 요나서는 구약성서 가운데 익살을 담고 있는 유일한 문헌이라고도 할 수 있다. 요나서는 중요한 종교적 진리들을 다정하고 탁월한 방식으로 제시한다.

쇠렌 키에르케고르는 요나서에 대해 이렇게 말했다.

"나는 요나서를 여느 책처럼 읽지 않는다. 마음에 올려놓고 마음의 눈으로 읽는다." 우리도 요나서에 관해 같은 말을 할 수 있다. 마음에 올려놓고 마음의 눈으로 읽는 사람이라야 요나서를 제대로 이해할 것이다. 오직 그런 사람만 요나서의 깊은 의미를 깨닫게 될 것이다.

요나서 본문

제1장

하느님의 사랑은 달아나는 인간보다 더 빠르다

¹주님의 말씀이 아미때의 아들 요나에게 내렸다. ²"어서 저 큰 성읍 니느웨로 가서, 그 성읍을 거슬러 외쳐라. 그들의 죄악이 나에게까지 치솟아 올랐다." ³그러나 요나는 주님을 피하여 다르싯으로 달아나려고 길을 나서 요빠로 내려갔다. 마침 다르싯으로 가는 배를 만나 뱃삯을 치르고 배에 올랐다. 주님을 피하여 사람들과 함께 다르싯으로 갈 셈이었다.

⁴그러나 주님께서 바다 위로 큰 바람을 보내시니, 바다에 큰 폭풍이 일어 배가 거의 부서지게 되었다. ⁵그러자 뱃사람들이 겁에 질려 저마다 자기 신에게 부르짖으면서, 배를 가볍게 하려고 안에 있는 짐들을 바다로 내던졌다. 그런데 배 밑창으로 내려간 요나는 드러누워 깊이 잠들어 있었다. ⁶선장이 그에게 다가가 말하였다.

"당신은 어찌 이렇게 깊이 잠들 수가 있소? 일어나서 당신 신에게 부르짖으시오. 행여나 그 신이 우리를 생각해 주어, 우리가 죽지 않을 수도 있지 않소?"

[7]뱃사람들이 서로 말하였다. "자, 주사위를 던져서 누구 때문에 이런 재앙이 우리에게 닥쳤는지 알아봅시다." 그래서 주사위를 던지니 주사위가 요나에게 떨어졌다. [8]그러자 그들이 요나에게 물었다. "누구 때문에 우리에게 이런 재앙이 닥쳤는지 말해 보시오. 당신 직업은 무엇이고 어디서 오는 길이오? 당신은 어느 나라 사람이며 어느 민족이오?" [9]요나는 그들에게 "나는 히브리 사람이오. 나는 바다와 뭍을 만드신 주 하늘의 하느님을 경외하는 사람이오" 하고 대답하였다. [10]그러자 그 사람들은 더욱더 두려워하며, "당신은 어째서 이런 일을 하였소?" 하고 말하였다. 요나가 그들에게 사실을 털어놓아, 그가 주님을 피하여 달아나고 있다는 것을 그들이 알게 되었던 것이다.

[11]바다가 점점 더 거칠어지자 그들이 요나에게 물었다. "우리가 당신을 어떻게 해야 바다가 잔잔해지겠소?" [12]요나가 그들에게 대답하였다. "나를 들어 바다에 내던지시오. 그러면 바다가 잔잔해질 것이오. 이 큰 폭풍이 당신들에게 들이닥친 것이 나 때문이라는 것을 나도 알고 있소." [13]사람들은 뭍으로 되돌아가려고 힘껏 노를 저었으나, 바다가 점점 더 거칠어져 어쩔 수가 없

었다. ¹⁴그러자 그들이 주님께 부르짖었다. "아, 주님! 이 사람의 목숨을 희생시킨다고 부디 저희를 멸하지는 마십시오. 주님, 당신께서는 뜻하신 대로 이 일을 하셨으니, 저희에게 살인죄를 지우지 말아 주십시오." ¹⁵그리고 나서 그들이 요나를 들어 바다에 내던지자, 성난 바다가 잔잔해졌다. ¹⁶사람들은 주님을 더욱더 두려워하며 주님께 희생제물을 바치고 서원을 하였다.

제2장

빛을 향한 첫걸음은
어둠 속에서 비로소 시작된다

¹주님께서는 큰 물고기를 시켜 요나를 삼키게 하셨다. 요나는 사흘 낮과 사흘 밤을 그 물고기 뱃속에 있었다. ²물고기 뱃속에서 요나는 주 자기 하느님께 기도드리며, ³이렇게 아뢰었다.

> 제가 곤궁 속에서 주님을 불렀더니
> 주님께서 저에게 응답해 주셨습니다.
> 저승의 뱃속에서 제가 부르짖었더니
> 당신께서 저의 소리를 들어주셨습니다.

⁴당신께서 바닷속 깊은 곳에 저를 던지시니
큰물이 저를 에워싸고
당신의 그 모든 파도와 물결이
제 위를 지나갔습니다.
⁵그래서 제가 이렇게 아뢰었습니다.
 '당신의 눈앞에서 쫓겨난 이 몸
이제 제가 어찌 당신의 거룩한 성전을
다시 바라볼 수 있겠습니까?'
⁶물이 저의 목까지 차 오르고
심연이 저를 에워쌌으며
바닷말이 제 머리를 휘감았습니다.
⁷저는 산의 뿌리까지 내려가고
땅은 빗장을 내려
저를 영원히 가두려 하였습니다.
그러나 주 저의 하느님
당신께서는 구덩이에서
제 생명을 건져 올리셨습니다.
⁸제 얼이 아득해질 때
저는 주님을 기억하였습니다.
저의 기도가 당신께,
당신의 거룩한 성전에 다다랐습니다.
⁹헛된 우상들을 섬기는 자들은
신의를 저버립니다.

¹⁰그러나 저는 감사 기도와 함께
당신께 희생제물을 바치고
제가 서원한 것을 지키렵니다.
구원은 주님의 것입니다.

¹¹주님께서는 그 물고기에게 분부하시어 요나를 육지에 뱉어 내게 하셨다.

제3장

죽으면 살리라

¹주님의 말씀이 두 번째로 요나에게 내렸다. ²"일어나 저 큰 성읍 니느웨로 가서, 내가 너에게 이르는 말을 그 성읍에 외쳐라." ³요나는 주님의 말씀대로 일어나 니느웨로 갔다. 니느웨는 가로지르는 데에만 사흘이나 걸리는 아주 큰 성읍이었다. ⁴요나는 그 성읍 안으로 걸어 들어가기 시작하였다. 하룻길을 걸은 다음 이렇게 외쳤다. "이제 사십 일이 지나면 니느웨는 무너진다!"

⁵그러자 니느웨 사람들이 하느님을 믿었다. 그들은 금식을 선포하고 가장 높은 사람부터 가장 낮은 사람까지 자루옷을 입었다. ⁶이 소식이 니느웨 임금에게 전해

지자, 그도 왕좌에서 일어나 겉옷을 벗고 자루옷을 걸친 다음 잿더미 위에 앉았다. [7]그리고 그는 니느웨에 이렇게 선포하였다. "임금과 대신들의 칙령에 따라 사람이든 짐승이든, 소든 양이든 아무것도 맛보지 마라. 먹지도 말고 마시지도 마라. [8]사람이든 짐승이든 모두 자루옷을 걸치고 하느님께 힘껏 부르짖어라. 저마다 제 악한 길과 제 손에 놓인 폭행에서 돌아서야 한다. [9]하느님께서 다시 마음을 돌리시고 그 타오르는 분노를 푸실지 누가 아느냐? 그러면 우리가 멸망하지 않을 수도 있다."

[10]하느님께서는 그들이 악한 길에서 돌아서는 모습을 보셨다. 그래서 하느님께서는 마음을 돌리시어 그들에게 내리겠다고 말씀하신 그 재앙을 내리지 않으셨다.

제4장

하느님은 우리를 가르치신다

[1]요나는 이 일이 매우 언짢아서 화가 났다. [2]그래서 그는 주님께 기도하였다. "아, 주님! 제가 고향에 있을 때에 이미 일이 이렇게 되리라고 말씀드리지 않았습니까? 그래서 저는 서둘러 다르싯으로 달아났습니다. 저

는 당신께서 자비롭고 너그러우신 하느님이시며, 분노에 더디시고 자애가 크시며, 벌하시다가도 쉬이 마음을 돌리시는 분이시라는 것을 알고 있었기 때문입니다. ³이제 주님, 제발 저의 목숨을 거두어 주십시오. 이렇게 사느니 죽는 것이 낫겠습니다."

⁴주님께서 "네가 화를 내는 것이 옳으냐?" 하고 말씀하셨다. ⁵요나는 그 성읍에서 나와 성읍 동쪽에 가서 자리를 잡았다. 거기에 초막을 짓고 그 그늘 아래 앉아, 성읍에 무슨 일이 일어나는지 보려고 하였다. ⁶주 하느님께서는 아주까리 하나를 마련하시어 요나 위로 자라 오르게 하셨다. 그러자 아주까리가 요나 머리 위로 그늘이 되어 그를 고통에서 구해 주었다. 요나는 그 아주까리 덕분에 기분이 아주 좋았다. ⁷그런데 이튿날 동이 틀 무렵, 하느님께서 벌레 하나를 마련하시어 아주까리를 쏠게 하시니, 아주까리가 시들어 버렸다. ⁸해가 떠오르자 하느님께서 뜨거운 동풍을 보내셨다. 거기에다 해가 요나의 머리 위로 내리쬐니, 기절할 지경이 된 요나는 죽기를 자청하면서 말하였다. "이렇게 사느니 죽는 것이 낫겠습니다." ⁹그러자 하느님께서 요나에게 물으셨다. "아주까리 때문에 네가 화를 내는 것이 옳으냐?" 그가 "옳다 뿐입니까? 화가 나서 죽을 지경입니다" 하고 대답하니, ¹⁰주님께서 이렇게 말씀하셨다. "네가 수고하지도 않고 키우지도 않았으며, 하룻밤 사이에 자랐

다가 하룻밤 사이에 죽어 버린 이 아주까리를 너는 그토록 가엾이 여기는구나! [11]그런데 하물며 오른쪽과 왼쪽을 가릴 줄도 모르는 사람이 십이만 명이나 있고, 또 수많은 짐승이 있는 이 커다란 성읍 니느웨를 내가 어찌 가엾이 여기지 않을 수 있겠느냐?"

· I ·

하느님의 사랑은
달아나는 인간보다
더 빠르다

요나에게 내린 하느님 말씀

> 주님의 말씀이
> 아미때의 아들 요나에게 내렸다.
> 요나 1,1

"또 전화해!" 통화 중에 자주 듣는 말이다. 그냥 해 본 말이 아니라면, 뭔가 좋은 뜻이 있겠다. "다음에 또 좋은 말 나누자!"라든지 …. 이유가 뭘까? 좋은 말은 햇살 같은 것이기 때문이다. 유일한 햇살이신 그리스도께서 영혼을 밝게 비추신다는 것은 누구나 다 안다.

전화 이야기가 나온 김에 몇 마디 더 하자. 전화기를 발명한 사람은 누군가? 알렉산더 그레이엄 벨은 1876년 3월 9일에 에딘버러에서 특허를 받았다. 그가 전화기를 발명하고 조수 토마스 왓슨에게 건넨 첫말은 이랬다. "왓슨, 이리 오게. 자네가 필요하네!" 마치 소명 이야기의 첫 말씀처럼 들린다.

"왓슨 … !" 모든 부름은 대개 이름을 부르는 데서 시작된다. 그래서 마르틴 부버는 이름이 가장 오래된 언어 형태라고 단정했다.

우리는 자주 우리 이름을 듣는다. 매번 같은 뉘앙스가 아니라 다른 의미로 듣는다. 이름을 부르는 사람이 각기 다르기 때문이다. 가끔 이름은 번호처럼 들리기도 한다. 우리 존재가 다른 사람에게 중요하지 않은 인물로 취급받을 때 특히 그러하다. 하지만 이웃이 다정하고 친근하게 이름 불러 줄 때마다 호의와 인격적 관심을 한껏 받기도 한다. 이때 우리는 귀기울인다. 생기를 되찾는다. 용기를 얻는다. 우리 안에 뭔가 약동하기 시작한다. 마침내 소명의 길을 간다.

아직 한 번도 이름 불려지지 않은, 그래서 생명으로 일깨워질 수 없었던 부분이 얼마나 많은가! 하지만 누가 존재의 가장 깊은 내면을 불러 일깨울 수 있는가? 오직 하느님뿐이다. 그분 사랑만이 우리를 내적 신비로 이끌어 주신다. 그분께 가끔 이렇게 말씀드리는 것은 그래서 매우 유익하다. "주님, 저를 부르시는 일을 그만두지 마시옵소서. 제 안에는 아직도 불려지지 않은 부분이 너무나 많사옵니다."

사람만 우리 이름을 부르는 것이 아니다. 하느님도 우리 이름을 부르신다. 그분이 우리를 불러 주셨기 때문에 우리가 이 세상에 왔다. 그런데 왜 우리를 부르셨는가? 우리를 필요로 하셨기 때문이다. 그분은 현세에서뿐 아니라 영원에서도 우리를 필요로 하신다. 여기서 왜 인간이 죽어야 하는지 그 이유를 짐작할 수 있다. 하느님께서 당신 영원에서도 우리를 필요로 하시기 때문에 우리가 죽는 것이다. 하느님께서 있는 그대로의 우리 존재를 필요로 하시지, 이와 다른 모습은 필요로 하시지 않는다는 것도 알아야 한다. "왓슨, 이리 오게. 자네가 필요하네!" 하느님도 이렇게 구체적이고 인격적으로 우리를 부르신다.

이로써 우리는 예언자 요나를 부르셨던 하느님 가까이 다가섰다. 왜 요나를 부르셨는가? 당신 계획을 실현하시는 데 요나가 필요했기 때문이다. 이에 관해서는 나중에 더 깊이 묵상할 것이다. 여기서는 이 언급만으로 충분하다: 요나서는 하느님께서 인간을 당신 봉사자로 삼기 위해 저마다 고유성을 지닌 각 인간에게 다정하고 참을성 있게 다가가신다는 것을 분명히 한다.

"주님의 말씀이 아미때의 아들 요나에게 내렸다"(요나 1,1). 요나 이야기는 이렇게 주님의 말씀으로 시작된다. 물론 하느님이 요나에게 전화로 말씀하셨을 리는 없다. 하느님께는 전화기가 필요없다. 정확히 말하면, 만물이 당신 말씀을 들려주는 전화기다. 하느님 말씀은 만유에 현존하기 때문이다. 요한 복음사가는 그 이유를 이렇게 설명한다. "만물이 말씀으로 말미암아 생겨났고 말씀 없이 생겨난 것은 하나도 없다"(요한 1,3). 따라서 "짐승과 나무, 산과 구름 등, 만유에서 내면의 소리"(Romano Guardidni)를 들을 귀를 가져야 한다.

아이들이 더 잘 안다. 아이에게는 모든 것이 다 '너'다. 아이는 세상 만물이 마치 자기를 부르는 듯이 느끼고 행동한다. 중병으로 지금까지 누리던 안정과 삶의 발판을 잃은 사람들도 마찬가지다. 35세의 한 부인을 예로 들자. 그녀는 세 자녀의 어머니다. 어느 날 의사는 그녀가 불치병으로 얼마 살지 못할 것이라고 알려주었다. 사람들이 "심정이 어떠냐?"고 물었을 때 그녀는 이렇게 대답했다. "저는 모든 것을 다른 눈으로 바라보고 있습니다. 매일 아침 감사하는 마음으로 잠에서 깹니다. 적어도 그날 다시 한 번 내 자녀들, 내 집과 태양을 볼 수 있다는 것에 감사드립니다."

이런 사실의 중요성을 강조하는 데는 두 가지 이유가 있다. 첫째, 인간은 만물을 통해 항상 하느님의 목소리를 듣고, 하느님께 사로잡힐 수 있다. 둘째, 만물 안에서 하느님 말씀을 듣는 사람만이 다른 것도 들을 능력을 지닌다. 이 능력 없이는, 하느님께서 아주 구체적으로 말씀하셔도 그 부름이 들리지 않는다.

"주님의 말씀이 요나에게 내렸다"(요나 1,1). 직역하면, "주님의 말씀이 요나에게 닥쳤다"이다. 하느님의 말씀이 인간에게 들이닥치면, 뭔가가 일어나게 된다. 말씀은 늘 인간의 삶과 역사를 변화시키기 위해 인간에게 개입하기 때문이다. 이것이 바로 요나 이야기가 전하고자 하는 내용이다. 우리 자신도 요나와 다를 바 없다고 생각한다면, 이렇게 말할 수 있다: 하느님 말씀은 우리 안에서도 활동하시어, 우리를 통해 이 세상에 개입하기를 원하신다.

고대 중국의 유명한 민담이다: 어떤 사람이 정원에 온갖 종류의 나무와 꽃을 키우고 있었는데, 그중 대나무를 가장 사랑했다. 어느 날 주인은 대나무에게 말했다. "사랑하는 대나무야, 나는 네가 필요하다." 그러자 대나무는 "예, 주인님, 제가 여기 있습니다. 원대로 하십시오" 하고 나지막이 대답했다. 주인은 대나무 가지를 베어냈다. 그게 다가 아니었다. 대나무는 수로로 쓰이기 위해 마디의 막힌 부분을 도려내는 것을 어쩔 수 없이 참아야 했다. 대나무는 샘물 흐르는 수로가 되었다. 맑은 물이 속 빈 대나무를 통해 도랑으로 흘러들어 오랜 가뭄에 시달렸던 메마른 대지를 적셨다. 그 땅에 모를 심었고, 추수철이 되었을 때 기대하지 않았던 많은 소출을 곳간 가득 채울 수 있었다.

이 민담은, 하느님 말씀이 개입할 수 있도록 순응한다는 것이 무엇을 뜻하는지를 구체적으로 알려 준다. 하느님 말씀은 우리에게 자기를 버리라고 요구하신다. 자기를 비울 때 하느님 말씀은 우리를 통해 원하시는 곳에 다다를 수 있다. 우리는 요나가 어느 정도까지 하느님에게 쓰여지기를 허용하는지 살펴볼 것이다. 우리 자신에게는 이렇게 물어 보자: 하느님은 어느 정도까지 내 안에서 활동하실 수 있었는가? 하느님은 나를 통해 이 세상 어디까지 오셨는가?

니느웨는 어디에 있는가?

> 어서 저 큰 성읍 니느웨로 가서,
> 그 성읍을 거슬러 외쳐라.
> 그들의 죄악이 나에게까지 치솟아 올랐다.
> 요나 1,2

니느웨는 어떤 도시인가? 아시리아 왕국의 수도 니느웨는 명성이 자자한 국제도시였다. 니느웨 왕은 '만국의 왕'으로 자처했다. 삼천 년 전, 콧대 높은 이 백성들은 막강한 군사력을 바탕으로 국제도시 니느웨를 건설했다. 노련한 장군들 휘하 견고히 조직된 군대는 잔인성과 무자비함으로 악명 높았다. 가는 곳마다 두려움과 공포가 일었다. 탁월한 포위 공격 전술은 연전연승을 보장했다. 병장기도 전승의 중요한 요인이었다. 그것은 레일을 따라 성벽에 가까이 침투할 수 있는 바퀴 달린 목탑이었다. 이 목탑은 화살로부터 엄폐가 용이하도록 고안되었다. 군대는 연승 가도를 달렸지만, 그들의 잔인성과 방탕과 악행은 끝간 데를 몰랐다.

그러나 이 니느웨는 요나 이야기의 그 니느웨가 아니다. 요나 이야기가 탄생하기 오래 전에, 그 니느웨는 이미 잿더미로 변해 버렸다. 기원전 612년 메디아 사람들과 바빌론 사람들이 니느웨를 완전히 파괴한 후, 그 도시는 두 번 다시 재건되지 않았다. 요나 이야기의 니느웨는 인간이 존재하는 한 반드시 존재한다. 이 니느웨는 지금도 있다. 니느웨는 타인의 선익이 아니라 자신의 이익만 좇는 곳이라면 어디나 있기 때문이다. 강자가 약자를 지배하고 자신의 입지를 위해 타인을 멸시하는 곳이 바로 니느웨다. 자기 기분 대로 남을 대하고 억압하는 곳이 니느웨다. 남을 괴롭히거나 자신의 권위를 내세우는 말을 일삼는 곳도 니느웨다.

니느웨는 — 도시든 회사든 단체든 공동체든 — 악의와 시기와 질투를 일삼아 타인의 삶을 견딜 수 없을 만큼 어렵게 만드는 곳을 뜻한다. 니느웨는 무한한 갈망을 "허무한 재화로 달래며"(Paul M. Zulehner) 신의·사랑·종교·죄 등과 같은 보다 높은 가치에 대한 감각을 잃어버린 곳에도 있다. 니느웨 사람들은 하느님의 안전한 보호막을 벗어난 양 처신한다. 그렇다면 혹시 우리도 니느웨 사람 아닌가?

이 질문은 오늘날 우리가 어디서 어떻게 니느웨를 체험하고 있는지 반성하게 한다. 어쩌면 니느웨는 우리 자신 안에도 있다. 헤르만 헤세의 글은 많은 것을 생각하게 한다. "나는 세상의 모든 전쟁과 살의殺意, 경박함, 덧없는 쾌락, 비겁 등이 내 안에 있다는 걸 새삼 깨달았다." 요나 이야기는 이런 니느웨에는 미래가 없음을 보여 준다. 그래서 하느님 말씀이 요나에게 내린다. "어서 저 큰 성읍 니느웨로 가서, 그 성읍을 거슬러 외쳐라. 그들의 죄악이 나에게까지 치솟아 올랐다."

여기서 핵심은 이것이다: 하느님은 최악의 상황에서도 늘 우리에게 선한 길을 알려 주신다. 하느님은 니느웨에도 그 길을 알려 주신다. "그 성읍을 거슬러 외쳐라"는 말씀이 그것이다. "'거스른다는 것'은 소방대원이 불길을 잡기 위해 집에 물대포를 쏘는 행위와 같고 조각가가 작품을 만들기 위해 돌을 끌로 쪼는 행위와 같다"(Rudolf Bösinger). 우리는 우리를 거스르고 괴롭히는 모든 것, 고통과 환멸과 굴욕 속에도 선익이 있음을 종종 체험한다. 우리 개인사를 음미해 보면, 시편의 저자와 같은 심정일 것이다. "제가 고통을 겪은 것은 좋은 일이니 당신의 법령을 배우기 위함이었나이다"(시편 119,71). 하느님은 당신의 예언자 요나를 니느웨로 보내심으로써 거짓 행복에서 빠져 나오는 길을 알려 주신다. 하느님은 니느웨 사람들에게 몸소 영원한 행복이 되기를 원하신다.

이는 우리가 현대의 니느웨에 선포해야 할 메시지다. 하느님만이 우리가 추구하는 행복을 충만케 하실 수 있는 분임을 우리는 삶을 통해 보여 주어야 한다. "왜 그렇게 사느냐?"고 물을 때, 이렇게 대답할 수 있어야 한다. "기쁘게 본질적으로 살게 하는 유일한 원천을 사람들이 잊지 않도록 하기 위해서입니다." 이렇게 말할 수 있는 삶을 살기 위해 우리 안의 모든 니느웨적 요소 ― 거짓과 증오, 악의와 시기, 불손과 폭력, 만족을 모르는 쾌락 ― 를 버리고, 삶의 첫자리에 하느님을 모셔야 한다. 그럴 때 비로소 예언자적 삶을 살 수 있다.

삶에는 정작 필요한 것이 많다. 사랑하는 사람들, 기쁨을 주는 일, 필요한 것을 살 수 있는 돈, 기분전환을 위한 여가 등이 그것이다. 다 좋다. 하지만 이런 것들이 첫자리를 차지해서는 안된다. 이런 것들이 우리 삶에 가장 중요한 것이 되어서는 안된다. 그렇지 않으면 이 모든 것의 참된 가치는 사라진다. 상대적인 것이 절대적인 것이 된다. 그리고 우리가 예언자적 삶을 통해 내적 자유를 충만하게 누리도록 하느님의 부르심을 받았을지라도, 그것들은 우리를 부자유스럽게 하고 노예로 만든다.

하느님을 첫자리에 모시는 일은 십계명의 가장 중요한 첫 계명이다. 이 첫 계명을 지키는 사람은 다른 계명도 지킬 수 있고, 삶이 행복하고 평화롭다. 이를 지키지 못하는 사람은 다른 계명도 지키지 못하며, 불행하게도 자신에 사로잡히는 삶에서 벗어나지 못한다.

옛 성가책에는 다음과 같은 구절이 눈에 띈다.

> 주님, 당신은
> 제가 바라보는 별,
> 제가 서 있는 바위,
> 제가 믿는 안내자,
> 제가 의지하는 지팡이,
> 저를 살리는 빵,
> 제가 깃드는 샘,
> 제가 추구하는 목적,
> 저의 모든 것이옵니다.

그리 잘 알려진 성가는 아니다. 하지만 이 구절이 시사하는 바는 대단히 중요하다. 성가 전체를 구구절절 꿰는 것보다 더 중요하다. 이 첫 구절은 하느님을 삶의 첫자리에 모시는 사람의 노래이기 때문이다. 그는 내적 자유를 누렸을 것이며, 많은 사람들에게 예언자 구실을 했을 것이다. 그러므로 이렇게 묻자: 나는 하느님을 내 삶의 어떤 자리에 모시고 있는가?

인간은 모두 요나다

> 그러나 요나는 주님을 피하여
> 다르싯으로 달아나려고 길을 나서
> 요빠로 내려갔다.
> 마침 다르싯으로 가는 배를 만나
> 뱃삯을 치르고 배에 올랐다.
> 주님을 피하여 사람들과 함께
> 다르싯으로 갈 셈이었다.
>
> 요나 1,3

거울이 없으면 어떻게 살까? 외출하기 전에 보통 거울을 본다. 하지만 우리 내면을 들여다볼 수 있는 거울은 유리 거울이 아니다. 이야기가 거울이다. 이야기를 깊이 이해할수록 "저게 바로 나다!"라는 생각이 또렷해진다. 성서에는 이런 거울 같은 이야기들이 많다. 요나 이야기가 좋은 예다.

요나는 누구인가? 그는 북 이스라엘 여로보암 2세(787~747)의 궁정 예언자였다(2열왕 14,25 참조). 그밖에 더 알려진 것은 없다. 하지만 설화자가 예언자 요나를 이야기의 중심으로 삼는 데는 이 짧은 암시로도 충분했다. 예언자의 역사적 실제 모습은 설화자에게 중요하지 않았다. 설화자는 오히려 예언자를 보통 사람으로 제시함으로써, 그 모습에서 우리 자신의 존재를 깨닫기를 원했다. 다시 묻는다: 요나는 누구인가? 그는 우리와 다른 인물이 아니다. 남녀노소 모두가 요나다. 좀 더 자세히 살펴보자.

예언자 요나는 하느님의 심판을 알리기 위해 "하느님을 외면하는 도시" 니느웨로 가야 했다. 유사한 하느님 말씀이 예레미야와 엘리야에게도 내렸다. 이들은 자리에서 일어나 가야 할 곳으로 갔다. 요나의 행동도 언뜻, 똑같아 보인다. 요나도 예레미야나 엘리야처럼 길을 나서고 있기 때문이다. "그는 주님의 말씀에 따라 니느웨로 갔다"는 설화의 내용대로 생각할 수도 있다. 요나가 주님 말씀에 거역하는 말을 한마디도 하지 않기 때문에 더욱 그렇다. 하지만 실상은 우리 예상과 전혀 다르다. "요나는 주님을 피하여 다르싯으로 달아나려고 길을 나섰다"(요나 1,3).

매우 뜻밖이다. 요나는 길을 나서지만, 가급적 주님을 멀리 피하기 위해 정반대 방향으로 발걸음을 재촉한다. 당연하다는 듯 그렇게 하지만, 사실은 자신의 사명을 저버리고 있다. 그는 진리의 길에서 벗어나 자신을 거짓의 길에 맡긴다. 이 순간부터 걷잡을 수 없이 추락한다. 설화자는 이렇게 묘사한다: 요나는 꿈의 도시 다르싯에 가기 위해 요빠로 내려갔다. 그곳에서 배에 올라 배 밑바닥에 몸을 숨겼다. 마침내 깊은 바다에 이른다. 그는 뱃삯으로 가진 것 전부를 지불해야 했을 것이다. 당시 요빠에서 다르싯까지는 거의 일 년이 걸릴 정도로 긴 여행이었기 때문이다. 게다가 '도망자' 요나는 보통 뱃삯보다 더 많이 지불해야 했을 것이다.

이런 '추락의 여정'에서 자기 존재에 대한 내적 감각은 점점 무디어졌다. 다르싯으로 갈수록 자신에게서 멀어진다. 진리의 빛이 두려워 점점 어둠 속에 빠져들고, 삶의 모순을 깨닫지 못하게 된다. 도피는 그를 막다른 골목으로 내몰았다. 결론은 이렇다: 진리를 외면하지 마라! '외면한다'는 것은 실재를 있는 그대로 받아들이지 않는 것, 시대의 소명을 거부하는 것을 뜻한다. 외면하는 삶을 사는 사람은 참삶을 잃는다.

라인홀트 슈나이더는 진리를 온전히 사랑하여 빛의 삶을 영위한 사람이다. 베르너 베르겐그륀은 그를 이렇게 평한다. "슈나이더의 어떤 점을 가장 본받을 만한 성격으로 꼽을 수 있느냐고 묻는다면, 오래 생각할 것도 없이 '진리에 대한 열정'이라 말할 것이다. 그가 방에 들어서면, 신선함과 순수함이 가득 차 온 방이 신비한 분위기에 휩싸인다. 진리가 라인홀트 슈나이더의 인격에 체현된 것 같다. 그의 시선, 힘찬 손놀림, 말 한마디 한마디에서 진리가 빛을 발한다. 진리는 그의 인격적 삶에서 가장 중요한 요소였다. 그것이 없었다면 그는 아마 숨을 쉴 수 없었을 것이다."

이 얼마나 요나와 다른 모습인가! 요나는 진리와 빛의 삶에서 너무 동떨어졌다. 그는 어둠을 찾아 점점 더 짙은 어둠 속으로 빠져든다. 여기서 우리는 "진리를 외면하지 마라! 하느님 말씀을 받아들이고 분부하신 곳으로 가라!"는 메시지를 다시 듣는다. 라인홀트 슈나이더와 요나, 우리는 둘 중 누구 편에 서 있는가?

그런데 요나는 왜 주님께서 분부하신 곳 정반대로 가고 있는가? 왜 니느웨가 아니고 다르싯인가? 니느웨 사람들이 싫어서였다. 그들이 자기와 전혀 다른 사람들이어서 싫었다. 요나는 그들을 혐오했다. 그들이 이 땅에서 사라지면 좋겠다 싶었다. 하지만 그들의 멸망을 바랄수록 자신도 타락의 늪에 빠져들었다.

이런 요나에게 우리 자신의 모습이 그대로 반영되지 않는가? 우리와 다르다는 이유로 이웃을 싫어하지 않는가? 어쩔 수 없이 그들에게 다가서야 할 때 마음이 굳고 닫히지 않는가? 이런 상황에서 우리도 이웃을 피할 다른 방도를 찾지 않는가? 이런 태도가 자신을 괴롭히고 타락시킨다. 여기서 이런 물음이 제기된다: 우리는 모두, 우리가 기피하는 니느웨의 모습을 지니고 있지 않는가? 바로 이런 맥락에서 요나 이야기는, 우리가 기피하는 우리의 니느웨가 과연 어디 있는지를 의식하도록 촉구한다.

하느님은 요나에게 왜 하필 니느웨로 가라고 분부하셨을까? 하느님은 요나가 니느웨 사람들에 대한 깊은 증오심을 이겨 내기를 원하셨다. 증오는 증오에 가득찬 당사자를 망가뜨린다. 따라서 요나 이야기는 니느웨의 구원만 아니라 요나의 구원도 겨냥하고 있다. 니느웨를 향한 여정에서 요나는 딴사람이 되어야 한다. 자신을 변화시켜야 한다.

하지만 어떻게 마음 내키지 않는 길을 가란 말인가? 어떻게 우리는 가고 싶지 않는 길을 편안하고 확신에 찬 마음으로 갈 수 있는가? 요나에게 내린 하느님의 분부를 음미해 보자. "어서 가라!" 이는 곧 "그대는 니느웨 사람들에게 마음을 열고, 그들을 받아들여라! 그러면, 그대가 가야 할 곳에 그대는 이미 와 있다"라는 뜻이다.

한 의사의 말이 생각난다. "나는 까다로운 환자들을 진찰하기 전에, 먼저 그들을 마음속 깊이 받아들이려고 늘 노력합니다. 나는 그런 환자들을 친근하게 대합니다." 그러므로 니느웨에 가기 전에, 먼저 니느웨 사람들을 그대 마음에 받아들여라. 그러면 그대는 괴롭고 비싼 대가를 치르지 않아도 될 것이다. 그대의 됨됨이는 그대의 삶으로 나타난다. 니느웨 사람들을 마음속에 받아들이고, 니느웨에서 올곧은 소리를 들을 수 있다면, 니느웨와 그대 자신이 구원을 얻으리라.

하느님에게서 늘 달아나는 인간

> 그러나 주님께서 바다 위로 큰 바람을 보내셨다.…
> 그러자 뱃사람들이 겁에 질렸다.…
> 그런데 배 밑창으로 내려간 요나는
> 드러누워 깊이 잠들어 있었다.…
> 뱃사람들이 주사위를 던지니
> 주사위가 요나에게 떨어졌다.…
> 요나가 그들에게 대답했다.
> "나를 들어 바다에 내던지시오.
> 그러면 바다가 잔잔해질 것이오.
> 이 큰 폭풍이 당신들에게 들이닥친 것이
> 나 때문이라는 것을 나도 알고 있소."
>
> 요나 1,4-12

스위스 의사이자 작가인 막스 피카르트Max Picard는 오래 전에 『하느님으로부터의 도피』*Die Flucht vor Gott*라는 책을 펴냈다. 이 책은 하느님에게서 도망치는 인간의 모습을 묘사한다. 인간은 늘 그런 모습이 아니었던가?

하느님에게서 도망쳐 몸을 숨기는 아담이 그러했다.(도주와 은폐는 어떤 방식으로든 늘 관련되지 않은가?) 하느님께서 그를 부르셨다. "아담아, 너 어디 있느냐?" 이것이 성서의 첫 물음이다. 도망치는 인간에게 하느님이 던지신 첫 물음이다. 하느님은 이 물음으로 동요하는 인간의 마음을 가라앉히고 자신을 반성하도록 하신다. "그대는 어디에 숨어 있는가?"

우리의 많은 생각 가운데 "주님을 멀리 피한"(요나 1,3) 상태에서 한 생각이 얼마나 많은가? 이런 생각은 그저 도망칠 생각에 다름 아니다. 갈등·성숙·발전으로부터, 실재·자아·세상·인간으로부터, 마침내 주님으로부터 도망칠 생각이다.

도피의 방식은 매우 다양하다. 관심을 다른 곳으로 돌리거나 자신을 숨기기도 하고, 일에 몰두하거나 미망迷妄의 세계를 추구하기도 한다. 러시아의 문호 도스토예프스키가 이를 거듭 지적한다. 인간이 자신의 내적 부패와 맞서기 위해서는 "어리석은 꿈의 독소"에서 늘 새롭게 정화되어야 한다는 것이 도스토예프스키의 주된 사상이다. 그의 초기 소설에서, 죽음을 앞둔 한 젊은이가 울고 있는 애인에게 말한다. "왜 우는 거야? 내가 죽어서? … 모든 것이 이미 오래 전에 죽어 묻혀 있잖아? … 나는 얼빠진 나쁜 사람이야. 삶은 한낱 일장춘몽, 나는 몽상가 …, 진정한 삶을 살진 못했어."

도스토예프스키 역시 오랫동안 몽상가로 살았다. 하지만 거기 머물지 않았고, 헛된 꿈과 부단히 맞서 싸웠다. 이런 노력 끝에 삶에 대해 크게 깨달은 바 있었는데, 그것은 현실 속에 사는 것보다 "더 멋진 것"은 없다는 사실이었다. 현실 속에 사는 이가 누구인가? 도스토예프스키는 하느님 안에 머물며 그분 목소리를 듣고 그분과 함께 살아가는 사람이라고 말한다. 하느님 안에 머물며 그분 말씀을 듣고 그분과 함께 가는 것이 도스토예프스키가 체험으로 깨달았던 참삶의 길이었으며, 이를 통해 그는 깊은 잠에서 깨어날 수 있었다. 그에게 이 깨달음은 제2의 탄생이었다. 이 깨달음을 통해 분열된 인격으로부터에서 자신을 보호했고, 스스로 "살아있는 삶"이라고 불렀던 삶을 영위했다.

다시 예언자 요나를 기억하자. 그는 하느님이 분부하신 니느웨 대신 환상의 도시 다르싯으로 도망치려고 요빠 항에서 배에 올랐다. 배 밑창에 몸을 숨기고, 소명을 망각한 채 깊은 잠에 빠져들었다. 주님께서 큰 바람을 일으켜 배가 가라앉을 판이었다. 뱃사람들이 겁에 질려 그들의 신을 불렀고 짐들을 바다에 던져 배를 가볍게 했다. 그러나 요나는 전혀 개의치 않았다. 마르틴 루터가 묘사한 예언자 요나의 모습이 눈길을 끈다. "그는 자신의 죄 속에 누워 잠자고 있다." 잠은 현실을 받아들이지 않으려는 태도를 표현한다.

이런 의미에서 성서는 꿈속으로 도피하는 자를 잠들어 있는 자라 하며, 현실을 직시하고 맞서는 자를 깨어 있는 자라고 한다. 당면한 현재라는 십자가에 몸을 낮추는 사람이 깨어 있는 사람이다. 이런 사람이 진정으로 사는 사람이다. 그렇다면 나는 누구인가? 깨어 있는 자인가 잠든 자인가? 현실주의자인가 몽상가인가?

요나는 니느웨 아닌 다르싯으로 가고, 하느님의 현실 대신 허상을 좇는다. 모든 인간은 어쩌면 자기의 다르싯을 좇고, 그곳에 다다를 가상의 배를 탄다. 어쩌면 사람은 자기 나름의 다르싯이 필요할 것이다. 하지만 다르싯은 예기치 않은 곳에 있다. 니느웨 한가운데. 우리가 받아들이기 꺼려했던 그 한가운데 있다.

물론 요나는 하느님이 무소부재無所不在하시므로 그분에게서 도망칠 수 없다는 것을 안다. 하지만 "하느님의 분부를 외면할 수 있다"고 생각했다. 선장이 자신을 흔들어 깨우며 이렇게 말할 때까지 내내 그렇게 생각했다. "당신은 어찌 이렇게 깊이 잠들 수가 있소? 일어나서 당신 신에게 부르짖으시오. 행여나 그 신이 우리를 생각해 주어, 우리가 죽지 않을 수도 있지 않소?"(요나 1,6).

도피 중 잠든 새 우리를 깨우는 소리를 들었는가? 그 와중에 누가 우리를 깨웠는가? 입장을 바꾸어 다른 사람을 깨워 본 적이 한 번이라도 있는가? 근본적으로 성서는, 우리를 잠에서 깨워 하느님의 현실로 데려다 주는 거대한 자명종에 다름 아니다. 성서 안에서만 우리는 하느님이 우리를 참으로 필요로 하신다는 사실을 깨닫는다. "소명을 깨닫지 못하거나 받아들이지 않을 때 우리는 막다른 골목에 이르게 된다. 맡겨진 직분에서 도피하여 세상 끝 다르싯으로 향할 때, 영적·실제적 암울한 곤경이 엄습한다"(Christa Meves).

어쨌거나, 요나는 자신이 안전한 줄 안다. 하지만 그는 발 디딘 땅이 무너지고 있음을 갑자기 깨달아야 했다. 어떻게? 하느님은 바다의 폭풍으로, 닥친 운명으로, 선장과 뱃사람의 행동으로 요나에게 역사하신다. 갑자기 온 세상이 자신을 적대시한다. 모든 것이 낯설다. 말하자면: 하느님에게서 도망치는 사람은 하느님과 자신에게서뿐 아니라 이웃에게서도 멀어진다. 자신과 타인에게 이방인이 된다.

뱃사람들은 요나를 재앙의 원인제공자라고 생각한다. "요나가 그들에게 사실을 털어놓아, 그가 주님을 피하여 달아나고 있다는 것을 그들이 알게 되었던 것이다. 바다가 점점 더 거칠어지자 그들이 요나에게 물었다. '우리가 당신을 어떻게 해야 바다가 잔잔해지겠소?' 요나가 그들에게 대답했다. '나를 들어 바다에 내던지시오. 그러면 바다가 잔잔해질 것이오. 이 큰 폭풍이 당신들에게 들이닥친 것이 나 때문이라는 것을 나도 알고 있소'"(요나 1,10-12).

이 장면을 어떻게 이해할까? 요나는 하느님의 분부에 따르느니 차라리 죽겠다는 건가? 사실 드문 일이 아니다. 사람들은 종종 하느님 안에서 고요와 평온을 찾는 것보다 헛짓에 탐닉하기를 좋아한다. 하지만 달리 이해할 수도 있다: 요나가 자기 죄를 고백하고, 그 죄의 엄청난 결과를 인정하는 순간 내면이 변화하기 시작했다. 이는 자기 죄를 솔직히 인정할 때 삶이 긍정적으로 변화함을 시사한다. 또 하나 분명한 것은, 한 사람의 죄가 다른 사람의 삶을 방해한다는 사실이다.

  혹자는 말할 것이다. "세상에는 요나 같은 사람이 많다. 그런 도피 행각이 늘 실패로 끝나는 것은 아니다. 깨워 주는 사람 없어 계속 잠만 자는 사람도 많다. 잘못된 길에 들어서도 아랑곳 않고 좋아라 하며 다르싯으로 향하는 사람도 많다." 이 말에 요나 이야기는 이렇게 응수한다. "하지만 다르싯에 도착한 사람은 하나도 없다. 그저 잠시 여정의 즐거움을 누릴 뿐이다. 요나도 배를 탔고 얼마간 요빠 항을 떠났다. 잘못된 여정은 처음에만 즐거울 뿐이니, 즐거운 여행자는 착각하지 마라, 그를 꿈에서 깨워 캄캄한 바다에 던질 폭풍우가 곧 닥치리라. 요나 이야기는 그에게 무슨 일이 일어날지를 가르쳐 준다. 하느님 말씀은 이 순간의 우리 모습뿐 아니라, 역시 우리 것인 미래까지도 보여 주기 때문이다. 하느님 말씀은 예언이 된다"(Diego Arenhoevel).

덧붙이면 이러하다: 하느님께서 인간을 붙잡으시는 것은 망하게 하려 함이 아니라, (요나처럼) 소명의 길로 되돌아오게 하려 함이다. 우리가 어느 길로 가든, 결국 길은 하느님께 돌아오게 나 있다. 그 길이 미망의 길이라면 잠시 우회하고 있다고 생각하자. 우리는 어차피 하느님 품에 들게 되어 있다. 하느님은 당신 품속의 우리에게 말씀하신다. "도피 행각을 끝내고 니느웨로 가라! 좀 더 어려운 길을 택하라!"

막스 피카르트는 자신의 책 말미에 이렇게 썼다. "이것이 바로 하느님의 사랑이다. 하느님은 도망치는 사람들을 뒤쫓으신다. 그들보다 더 빨리 달려 그 곁 가장 가까이 계시다. 뒤쫓기만 하시는 게 아니라 더 앞서 달리신다. 그들이 닿기 전에 하느님은 이미 거기 가 계시다. 하느님은 어디나 이미 앞서 계시다." 요하네스 묄러펠트Johannes Möllerfeld는 더 분명하게 말한다. "하느님의 사랑은 달아나는 인간보다 더 빠르다. 인간이 달려가는 바로 그곳에 하느님은 이미 현존하시고, 거기서 인간을 기다리신다. 이것이 바로 요나서가 이야기하는 진리다."

요나는 왜 도망치는가?

> 그러나 요나는 주님을 피하여
> 다르싯으로 달아나려고 길을 나서
> 요빠로 내려갔다.
> 마침 다르싯으로 가는 배를 만나
> 뱃삯을 치르고 배에 올랐다.
> 주님을 피하여 사람들과 함께
> 다르싯으로 갈 셈이었다.
>
> 요나 1,3

요나가 도망친 결정적인 동기가 무엇인가? 대답은 빤하다: 공포에서 비롯되지 않은 도피 행각은 없다. 요나는 현실과의 대결을 두려워했던 것이다.

괴테를 보자. 그는 내적·외적 위협에 직면할 때마다 두려워 늘 도망쳤다. 달갑지 않은 손님이나 내키지 않는 사회적 의무를 피하려고 꾀병을 앓았다. 환자가 싫어 문병을 피했고 죽음이 무서워 문상을 피했다. 진심으로 사랑하는 아내 크리스티나가 불치병에 걸려 누워 있어도 병실에 들르기를 주저할 만큼 심각했다. 그는 죽음과 관련된 모든 것을 견디지 못했다. 그런 것과 마주치지 않으려고 일부러 다른 일을 꾸며냈다. "내키지 않는 것은 철저히 외면합니다." 괴테가 뮌스터의 갈리친 공작에게 털어놓은 말이다.

소심한 사람만 불안을 괴로워하는 것이 아니다. 대담한 사람들도 불안 때문에 괴롭다. 다들 두려워 도피하고 싶은 니느웨를 지니고 있기 때문이다. 때때로 짬을 내어 자기 속의 갖가지 불안들을 살펴보는 것이 그래서 중요하다. 이를 통해 우리는 내면의 니느웨에 다다를 수 있다.

스위스의 의사이며 심리치료사인 파울 투르니에Paul Tournier는 자기 책에 이런 일화를 소개한다: 어느 날 한 친구가 방문했다. 사회적 지위가 꽤 높은 친구였다. 대화가 깊어지자 그는 지난 휴가 때 자신을 좀 더 깊이 알려고 노력했던 이야기를 들려 주었다. 자신의 모든 두려움과 불안을 노트에 기록했다는 것이다. 기록이 채 끝나기도 전에 노트 한 권이 다 차 버리는 것을 보고 스스로도 놀랐다. "그것은 참으로 뜻깊은 명상이었고 피로를 풀어준 휴가였다."

불안 없이 사는 사람은 없다는 사실을 알기에 충분한 고백이다. 우리는 끊임없이 불안의 시기를 거쳐야 한다. 그렇지 않으면 유아적 단순성을 면할 수 없다. 게

다가 불안은 충고·보호·봉사 등의 순기능을 가진다. 불안이 매우 위압적일 때도 있다. 그때는 우리가 불안을 지배하고 통제하는 것이 아니라, 불안이 우리를 지배하고 통제한다. 불안이 우리의 선의지를 마비시키고 행복을 멍들게 하고 삶을 파괴한다.

좀 더 깊이 들여다보면, 불안의 두 가지 기본형이 드러난다. 이것은 요나(와 더불어 우리 자신까지)를 더 깊이 이해하는 데 도움이 된다.

불안의 첫 번째 기본형은 도전과 모험을 즐기며 위험한 시도를 좋아하고 변화를 추구하는 외향적 인간형에서 발견된다. 이들은 경직된 규정과 원칙, 법률과 전통 등에 자유가 제약되는 걸 견디지 못한다. '돌아온 탕자'의 경우가 그렇다. 그는 일상의 권태를 견딜 수 없어서 매사 가지런한 아버지 집을 나왔고 드넓은 세계에서 자극적인 삶을 추구했다.

불안의 두 번째 기본형은 집 안에 틀어박혀 있기를 좋아하는 인간형에서 발견된다. 이들은 무엇보다 안정을 추구한다. 그래서 대담한 시도와 모험을 즐기지 않는다. 모든 것이 지금까지 늘 그랬던 것처럼 그대로 있어야 한다. 이들은 익숙한 것만 선호한다. 잃을 것이 두려우니 버리기도 어렵다. 「잃었던 아들 비유」에 등장하는 형이 바로 그런 부류다. 그는 불확실한 삶이 두려워 아버지 집을 떠나지 못한다.

기본적인 불안은 양편에 다 있다: 한편으로는 자유의 상실에 대한 불안, 다른편으로는 관습의 포기에 대한 불안. 요나의 불안은 후자였다. 그것은 요나가 배 밑창으로 숨어든다는 사실에서 알 수 있다.

요나는 하느님에게 선택되어 이스라엘의 철천지원수 니느웨로 파견된다. 니느웨의 자부심 넘치는 주민들이 자신을 조롱하고 죽일지도 모른다는 생각에, 요나는 니느웨에 가는 것이 두려웠다. 만일 혈혈단신 베이징 천안문 광장에 서서 중국의 몰락을 선포해야 할 사명이 우리에게 주어진다면 대체 어쩔 것인가? 요나는 니느웨에 가느니 차라리 미지의 다르싯에 가기로 마음먹었다. 니느웨에 가기가 그만큼 두려웠던 것이다.

요나에게는 또 다른 불안이 있었다. 하느님께서 결국은 당신 자비로 니느웨를 구원하실까봐 겁났다. 그럴 경우 그가 설 자리는 어디인가? 누가 자신을 예언자로 심각하게 받아들이겠는가? 이런 모순된 생각은 인간성을 위축시킨다. 반면, 신앙이 깊을수록 모든 인간의 구원을 간절히 바라는 마음도 더 간절해진다.

여기서 질문을 반복하자, 전보다 분명히: 하느님께서는 왜 하필 요나를 부르셨는가? 유능한 경영자는 고용 효과를 극대화할 적재적소에 인재를 배치하는 재능이 있다고 한다. 불만의 특별한 감정, 좌절이 생길 리 없다. 그렇다면 하느님의 '인사 관리 능력'은 어떠한가? 지금까지 요나를 통해 경험한 것을 전부 종합하면, 이렇게 말할 수밖에 없다: 하느님의 과업에 요나보다 더 나쁜 조력자는 찾기 어려울 것이다. 사람들은 심각하게 묻는다. "하느님, 왜 그 모양입니까? 인사 정책이 당신의 주특기가 아니든가, 당신의 인사 정책이 너무 난해하든가, 둘 중 하나 아닙니까? 어쨌든 당신은 '인재의 적재적소 배치'라는 상식을 완전히 뭉개버리셨습니다."

하지만 하느님께서 세상을 다르게 보신다면? 하느님에게는 '작은' 요나의 성숙이 '큰' 니느웨의 회개보다 조금도 덜 중요한 것이 아니었다. 이 점 우리가 이미 암시한 바 있다. 우리 자신에 대해서도 그렇게 말할 수 있다: 하느님은 우리가 도와야 할 사람들의 성숙만큼이나 우리 자신의 성숙을 중요하게 여기신다. 그럼 어떻게 성숙할 것인가? 무조건적 신뢰로 우리의 소아小我를 자비로우신 하느님, '크신' 당신께 파묻고, 모든 것을 그분께 맡김으로써! 또한 이것이 불안을 떨쳐버릴 유일한 방법이기도 하다.

· II ·

빛을 향한 첫걸음은
어둠 속에서
비로소 시작된다

우리를 삼키는 것이 우리를 구원하는 것이다

> 그들이 요나를 들어 바다에 내던지자,
> 성난 바다가 잔잔해졌다.…
> 주님께서는 큰 물고기를 시켜
> 요나를 삼키게 하셨다.
>
> 요나 1,15; 2,1

요나의 태도에는 늘 '기계적·자동적·강제적·필연적'이라는 말로밖엔 표현할 길 없는 일련의 과정이 있다. 가령, 니느웨는 하느님을 흠숭할 줄 모르는 도시기 때문에, 요나 뜻대로라면, 가차없이 파괴되어야 한다. 그래야 앞뒤가 맞다고 요나는 생각했다.

원칙에 따라 남에게 나쁜 결과가 생기기를 바라는 사람은 자신의 일도 그리되는 법이다. 요나도 그걸 알아야 했다. 이방인 선장이 사태의 원인을 요나에게 돌려 그를 바다에 던지는 데는 긴 시간이 필요하지 않았다. 우리는 얼마나 이웃에게 무정했던가? 얼마나 냉정히 배척하고 모진 운명 앞에 방치했던가? 남에게 무정하고 냉혹해지려 할 때, 그러니까 우리 좀 더 부드러워지자. 우리도 조만간 우리 자신의 원칙에 발목 잡혀 요나 같은 꼴이 될지도 모르기 때문이다.

요나의 지금 상황은 더 이상 절망스러울 수 없으리만치 혹독하다. 다들 희망과 미래의 꿈을 배에 싣고 항해하는데, 요나만 바다 깊이 내던져져 홀로 외롭다. 그는 희망 없이 버려졌다. 요나를 도울 뱃사람이 어디 하나라도 있었던가?

그러기에 우리의 필연적이고 일관된 행위를 초월하는 그 무엇, 이치에 맞지 않는 하느님의 주재하심이 있다는 게 얼마나 다행스러운가! 요나의 운명이 막다른 골목에 이르렀을 때 전혀 앞뒤가 안 맞는 뜻밖의 일이 갑자기 일어났다. 요나가 바다에 빠져 죽는 것은 필연적이고 당연한 귀결이었다. 그런데, 아니었다. 큰 물고기가 나타나 그를 통째로 삼켰다. 물론 설화자는 물고기 종류를 거론하지 않는다. "설화자에게 물고기는 하느님께서 공포과 파국을 통해서도 당신 계획을 반드시 실현시키신다는 표징일 뿐이었다"(Gerhard von Rad).

하느님의 계획에 따라 느닷없이 나타난 물고기에 주목하자. 물고기는 삶의 어려운 순간들을 다소 이해하고 받아들일 수 있게 도와주는 요소다. 바로 이 때문에 이 물고기가 미술과 문학에서 거듭 중요한 모티프로 작용했다. 요나 이야기는 실제 역사적 사건을 말하는 것이 아니다. 이 이야기는 상징적이다. 인간의 심층 체험을 그려 보인다는 말이다. 하느님께서는 오직 그런 심연에서만 활동하시기 때문이다. 아무리 아파도 하느님께서 우리를 심연에 떨어지게 하시는 이유가 바로 여기에 있다. 하지만 하느님 없는 껍데기 삶은 그보다 더 끔찍할 것이다.

종종 경험하는 건데, 대개 인간은 극단적인 곤경을 겪고 나서야 껍데기 삶을 탈피한다. 그래서 키에르케고르도 진리는 고통으로 말미암아 승리한다고 했다. 나락에 떨어짐을 겪고서야 승리한다는 말이다. 어쩌면 여기서, 그 물고기가 실재하지 않는 이유를 알 수 있을 것 같다. (바닷속이 아니라면) 대체 어디 있단 말인가? 우리 삶의 심연 말고는 그 어디에도 없다. 우리를 완전히 거두고 삼키는 바로 그곳에 있다. 그게 다가 아니다. 예컨대, 혹독한 고통, 무거운 죄, 어두운 죽음 등이 그것이다. 요나를 삼켰던 큰 물고기는 어디 있나? 우리 일상의 거센 파도 속에 있을 뿐이니, 거기서나 찾자. 몇몇 상황을 그려 보면 도움이 된다.

어느 경영인이 말했다. "경영에는 게임의 법칙 같은 게 있어요. 늘 체면을 지킬 것. 건강한 듯, 충분히 잔 듯, 최상의 컨디션인 듯 보일 것. 나는 내 몸이 완전히 망가지도록 이런 게임의 법칙에 충실했어요. 세 시간 이상 자지 못했고, 그래서 늘 불안했지요. 수족을 제대로 쓸 수 없었다니까요. 사지 경련, 우울증에다가 격렬한 발작까지 …. 입원해서 차차 제정신이 들기 시작했죠. 내 삶을 곰곰이 되돌아보았어요. 병으로 심신이 저항하지 않았다면, 내 삶은 완전히 망가졌을 거예요. 부서진 몸을 각성의 계기로 삼았다고나 할까 …. 성공이 인생의 전부가 아니라는 걸 지금은 알지요. 아주 새사람이 된 기분이에요. 요즈음은 편한 마음 맑은 정신으로 느긋하게 산답니다. 새 삶을 시작하려면 일단은 깊이 추락해 봐야 한다니까요."

도스토예프스키도 자신과 삶에 대해 깊이 성찰했다. 시베리아 형무소에서 오랜 세월 복역할 때였다. 도스토예프스키에 정통한 라신E.K. Rahsin은 그 형극의 시간을 이렇게 증언한다. "오늘날 그의 전 작품을 조망해 보면, 십여 년 동안 시베리아에서 겪은 비운이 특별한 섭리로 여겨질 것이다." 영혼이 뼈저리게 고독했던 이 시기에 도스토예프스키는 자신을 석연히 발견했다. 이 시기에는 그 어느 때보다 더 깊이 "인간 속의 인간"을 만났다. 인간은 너나없이 자신의 포로라는 것을 그는 이 '죽음의 집'에서 그 어느 때보다 명백히 깨달았다. 인간은 어차피 자신의 사고 습관, 음울한 욕구와 흥분, 이기심과 내적 모순, 도덕적 약점과 죄, 기분과 불안의 포로였고 환상과 꿈, 불신과 죽음의 포로였다. 갇힌 상태가 모든 인간의 근본 상황이며, 모두가 포로이자 '갇힌 존재'homo captivus로 느껴졌다. 그는 물었다: 누가 인간을 이 상황에서 구원할 수 있는가? 해답을 찾아 암중모색하던 중 하느님 말씀, 성서는 그의 전 생애를 통해 가장 가치로운 반려자가 되었다.

공산정권이 붕괴된 후 체코슬로바키아 의회가 만장일치로 선출한 바츨라프 하벨Václav Havel 대통령은 자신에게 주어진 시간을 공들여 관리했다. 지난 21년 가운데 도합 5년의 수감 생활 동안 몸에 밴 습관이었다. 극작가로도 명성이 자자한 이 대통령은, 어떤 연극도 "감옥에서 권좌까지의 놀라운 여정"에 필요한 가장 유익한 경험들을 제대로 전달하지 않았다고 고백했다. "감옥은 대통령직 수행을 위한 매우 훌륭한 준비 기간이었습니다. 거기서 나는 무엇보다, 어떤 것에도 새삼 놀라지 않는 덕목을 배웠습니다. 둘째, 대통령직에 필요한 몇 가지 직관들을 터득했습니다. 그리하여 셋째, 국가 안보와 암울한 국내 정세 등 우리가 당면한 현안들의 해결 방안이 쉽게 눈에 들어 왔습니다"(*New York Times*).

병원이든 수용소든 감방이든, 모두 '물고기 뱃속'의 다른 이름에 지나지 않는다. 요나를 익사 위기에서 지켜 주었고, 고통스런 성숙의 과정을 견디게 한 그 물고기 뱃속이다. 요나 이야기는 이렇게 말하고 있다: 요나를 구한 것은 바로 그를 삼킨 물고기였다. 그러므로 우리를 삼키는 바로 그것이 뜻밖에도 우리를 구원하는 것일 수 있다. 죽음인 줄 알았던 게 오히려 새 생명을 준다. 중병, 고통, 심지어 대죄에 이르기까지, 이런 '큰 물고기'들은 그렇다면 하느님의 구명보트인 것이다. 살면서 그런 큰 물고기를 한번도 체험하지 못한다면, 우리 삶이 얼마나 나약하고 보잘것없겠는가!

요나 이야기에서 '큰 물고기'로 상징되고, 우리가 '하느님의 구명보트'로 알아들은 것을 마르틴 루터는 "충만한 사랑의 빵틀"이라 불렀다. 빵틀에 들어가면 전혀 딴것이 되어 나온다. 부풀지 않은 밀가루 반죽이 잘 부푼 빵이 되어 나온다. 이렇게 하느님은 껍데기로 사는 사람을 "사랑의 빵틀"에 넣어 본질을 좇는 새사람으로 변모시키신다(Kurt Koch). 따라서 사랑을 굽는 하느님의 빵틀은 우리가 '은총'이라 부르는 것에 다름 아니다. 은총은 우리의 짐작과 다를 때가 많다. 그래도 은총만이 우리를 진실로 살게 한다.

물고기 뱃속에서 살아난 요나

물고기 뱃속에서 요나는 주 자기 하느님께
기도드리며, 이렇게 아뢰었다.
"제가 곤궁 속에서 주님을 불렀더니
주님께서 저에게 응답해 주셨습니다.
저승의 뱃속에서 제가 부르짖었더니
당신께서 저의 소리를 들어주셨습니다.
당신께서 바닷속 깊은 곳에 저를 던지시니
큰물이 저를 에워싸고
당신의 그 모든 파도와 물결이
제 위를 지나갔습니다.
그래서 제가 이렇게 아뢰었습니다.
'당신의 눈앞에서 쫓겨난 이 몸
이제 제가 어찌 당신의 거룩한 성전을
다시 바라볼 수 있겠습니까?'
물이 저의 목까지 차 오르고
심연이 저를 에워쌌으며
바닷말이 제 머리를 휘감았습니다.
저는 산의 뿌리까지 내려가고

> 땅은 빗장을 내려
> 저를 영원히 가두려 했습니다.
> 그러나 주 저의 하느님 당신께서는
> 구덩이에서 제 생명을 건져 올리셨습니다.
> 제 얼이 아득해질 때
> 저는 주님을 기억했습니다.
> 저의 기도가 당신께,
> 당신의 거룩한 성전에 다다랐습니다.
> 헛된 우상들을 섬기는 자들은
> 신의를 저버립니다.
> 그러나 저는 감사기도와 함께
> 당신께 희생제물을 바치고
> 제가 서원한 것을 지키렵니다.
> 구원은 주님의 것입니다."
> 주님께서는 그 물고기에게 분부하시어
> 요나를 육지에 뱉어 내게 하셨다.
>
> 요나 2,2-11

위급할 때 간절히 기도하지 않는 사람은 그리 많지 않을 것이다. 주위의 어둠이 더 짙을수록 위에서 비치는 한 줄기 빛이 더 절실하다. 20세기 중요한 여류들 중 하나인 마들렌 델브렐Madeleine Delbrêl은 자신의 삶을 이렇게 회고했다. "나는 열다섯 살 때 철저한 무신론자였고 세상은 나날이 더 혼돈스러웠습니다." 이때 그는 기도하기 시작했다. "나는 기도함으로써 하느님께서 살아 계신 분이며 날 찾으셨음을 신앙으로 깨달았고, 사람을 사랑하듯이 그분도 사랑할 수 있다는 것을 알았습니다." 그는 이 체험을 이렇게 요약한다. "모든 이들을 위해 하느님과 이야기할 능력을 간구하여 얻은 자만이 ― 결국 같은 능력인데 ― 모든 이들과 하느님을 말할 능력도 가지게 됩니다." 그렇다면 기도란 하느님으로 하여금 나를 찾게 만드는 것을 뜻한다.

그러고 보면 뱃사람들이 요나를 바다에 던지고 큰 물고기가 요나를 삼키자 요나가 기도를 시작했다는 게 놀랄 일은 아니다. 하느님을 그냥 부른 게 아니었다. 요나는 절절히 부르짖었다. "제가 곤궁 속에서 주님을 불렀더니, … 저승의 뱃속에서 제가 부르짖었더니"(요나 2,3). 여기서도 우리가 알 수 있는 것: 기도란 자신의 곤궁과 무기력을 온전히 하느님께 드리는 것이다.

위급한 순간만큼 그렇게 개인적이고 구체적이고 직접적인 기도를 진심으로 깊이 드리게 되는 상황은 아마 없을 것이다. 쓰잘 데 없고 습관적이고 기계적인 각종 표현에서 우리의 기도를 정화시키는 것이 바로 그런 위기 상황이기 때문이다. 누구에게나 자기만의 영혼이 있듯이 기도에도 자기만의 기도가 있다. 자기 영혼을 찾는 것이 어려운 것처럼, 자기 기도를 찾는 것도 쉽지 않다. 우리 것이 아닌 영혼을 가지고도, 우리 것이 아닌 기도를 하면서도 때로는 잘만 산다(Elie Wiesel). 진짜 우리의 기도를 발견하도록 도와주는 것이 바로 저 위급한 상황이다.

기도는 지금까지의 우리 삶을 하느님 편에서 곰곰이 되새겨 보는 것이기도 하다. 이것이 요나가 물고기 뱃속에서 가르치는 것이다. 요나는 이렇게 기도했다. "헛된 우상들을 섬기는 자들은 신의를 저버립니다"(요나 2,9). 요나는 그 뜻을 분명히 알았다: 하느님에게서 도망치는 자는 알게 모르게 어떤 형태든 늘 우상을 도피처로 삼는다는 것. 하지만 그 우상은 약속을 지키지 못한다. 언젠가는 그 우상이 마른 우물이라는 게 드러날 것이다. 우상은 우리에게 개인적으로 관심이 없기 때문에, 원하면 맘대로 우리를 떠난다. 그래서 시편 16,4는 말한다. "다른 신들에게 붙좇는 자들의 고통이 크기에 저는 그들에게 피의 제사를 바치지 않나이다."

물고기 뱃속에서 요나는 자기 삶을 하느님 눈으로 돌이켜 봄으로써, 회개하고 고향으로 돌아갔다. 하느님에게서 도망쳐 하느님 없는 데서 행복을 구하는 것보다 더 나쁜 게 없다는 걸 이제는 아는 까닭이다. 제대로 기도하는 사람은 자기연민 속에서 운명에 순응하고픈 유혹을 버린다. 그는 삶의 남은 여정을 하느님 뜻에 맞추기 시작한다.

누구도 이 뜻을 올리브 산에서의 예수보다 더 극명하게 보여 주지는 못했다. 예수께서는 전부 버리셨다: 제자들, 친구들, 자기 자신까지. 그분은 자신을 아버지 뜻에 남김없이 맡기셨고 당신께 일어날 일을 일어나게 두셨다. 갖은 고난에서 당신을 구원할 수단과 방법을 하느님이 아신다는 확고한 신뢰로 그리하셨다. 이런 예수에게서 우리는 참기도의 본질을 본다: 버리기 — 맡기기 — 받아들이기. 분명한 것은, 하느님 편에서 볼 때 곤궁에서 벗어나는 길은 대개 곤궁을 두루 겪음으로써 열린다는 사실이다. 하느님께서 이 길을 면해 주시지는 않지만, 그 길을 늘 우리와 함께 가신다. 그 길을 우리는 혼자 가지 않아도 된다.

심각한 위기를 겪던 스물여덟 살 청년이 생각난다. 힘겹던 시절, 그는 정신과 의사에게 말했다. "이 불행에서 구해 달라고 얼마나 기도드렸는지 모릅니다. 그러나 다 헛일이었습니다." 의사는 한참 생각하다가 말문을 열었다. "구원은 쓴잔을 마실 준비가 되어 있을 때 온다고 생각합니다. 그러니까 지금까지 기도했던 것과는 정반대인 셈이지요. 지금처럼 살면 안 됩니다. 도피, 자포자기, 이따금 꿈꾸었던 관능적 쾌락의 탐닉,

이거 다 안 됩니다. 이 방법은 그저 쉽고 편해 보이니까 용기 없는 사람들이 탐낼 만하지요. 가장 힘들고 고통스런 방법만이 당신을 진정으로 도울 것입니다. 고통을 겪고 나서야 고통에서 풀려날 수 있기 때문입니다. 이런 식의 구원을 간구한 적이 있습니까?" 청년은 대답했다. "아닙니다. 하느님이 내 원을 들어주실 때 어떤 대가도 요구하지 않을 것이라고, 늘 그렇게만 생각했었거든요." 무슨 뜻인가? 어둠을 뚫고 가려고 작정한 사람만이 빛으로 나아갈 수 있다.

요나는 자기에게 닥친 고통을 감당할 각오가 되어 있었기 때문에 하느님의 도움을 체험했다. 이 체험은 그의 간구를 감사의 노래로 변화시켰다. 하느님의 놀라운 구원 행위에 감사드리기 위해 요나는 우선 자신이 빠졌던 깊은 심연을 기억한다. "저는 산의 뿌리까지 내려가고 땅은 빗장을 내려 저를 영원히 가두려 했습니다. 그러나 주 저의 하느님 당신께서는 구덩이에서 제 생명을 건져 올리셨습니다"(요나 2,7).

물고기 뱃속에서 살아남았다는 것 자체가 우선 기적이고, 그 기적으로 말미암아 요나는 구원받았다. 구원으로 인도하는 길을 늘 새로 내실 수 있을 만큼 하느님의 권능이 위대하다는 것을 요나는 체험했다. 요나는 익사 직전 큰 물고기에 의해 구출되었다. 그를 삼킨 것이 오히려 그를 구했다. 그런 곤궁 중에 요나가 하느님의 배려하시는 사랑에 대한 믿음을 찾았다는 것 역시 그에 못지않은 기적이다. 결국 요나는, 자신의 최후가 예기치 못했던 새로운 시작이 되었다는 사실에서 하느님의 권능을 체험했던 것이다.

이런 체험을 통해 요나는, 하느님이 우리를 따라잡으시는 것은 우리를 멸망시키기 위해서가 아니라 내적으로 해방시키시기 위함이라는 것을 깨달았다. 하느님이 인간에게 하시는 행위는 늘 구원으로 이어지기 때문이다. 그래서 우리는 깊은 신뢰로 이렇게 기도드린다. "주님, 저를 있는 그대로 받아 주소서, 저의 모든 약점과 잘못과 죄까지. 하지만 곤궁과 죽음을 거쳐야 하는 것이 당신의 뜻이라면, 그 모든 것을 제가 받아들일 수 있게 하소서."

물고기 뱃속에서 요나는 어떻게 변했나?

> 물고기 뱃속에서 요나는 주 자기 하느님께
> 기도드리며, 이렇게 아뢰었다.
> "제가 곤궁 속에서 주님을 불렀더니
> 주님께서 저에게 응답해 주셨습니다.
> 저승의 뱃속에서 제가 부르짖었더니
> 당신께서 저의 소리를 들어주셨습니다."
> 요나 2,2-3

"득이 되지 않는 손해는 없다"라는 격언이 있다.

뱃사람들이 요나를 바다에 던지고, 물고기가 그를 삼켜 불안과 공포를 자아냈던 일련의 사태가 요나에게 과연 얼마나 유익했을까? 우리 관점에서 보자: 우리에게 엄청난 일이 닥칠 때, 어떤 점이 유익한가?

그런 상황이라면 먼저, 지금까지의 삶과는 무관했던 일이 우리에게 닥칠 수 있었구나, 하는 생각에 적이 놀랄 것이다. 그런 일을 당하면 불안과 공포가 엄습한다. 하지만 우리는 점차 이 새로운 상황을 내적으로 받아들이는 쪽으로 고심 끝에 결단하고, 새로운 안목을 키울 것이다: 이제껏 당연하다고 여겼던 모든 것이 일거에 사라진다. 재산·명예·성공을 대하는 우리의 태도가 돌변한다. 예전에는 무조건 내것으로 만들고 싶었던 것들이 이제 보니 별것 아니다. 사물을 보고 생각하는 능력이 심도를 더한다. 본질적인 것에 대한 감수성이 섬세해진다. 깨인 의식으로 살기 시작한다.

한 뇌졸중 환자가 내게 이렇게 말했다. "나는 오늘 내가 볼 수 있는 만큼, 나무 한 그루 잎새 하나도 놓치지 않고 보려 합니다. 이게 어떤 마음인지 아실 테지요. 주위에 변한 것은 아무것도 없습니다. 하지만 모든 것이 달라졌습니다. 무게중심이 이동했기 때문입니다. 왜 전에는 이런저런 비본질적인 것들에 그리 많은 시간을 할애하고 주의를 기울이고 의미를 부여했는지 그저 신기할 뿐입니다."

본질을 지향하는 이 새로운 시각으로 우리의 창조력은 고통과 시련 중에도 생생히 발휘된다. 힘들겠지만 주어진 상황을 기꺼이 받아들이는 법을 익힌다. 이런 의미에서 리지외의 성녀 데레사는 짧지만 비통했던 자신의 삶을 이렇게 묘사한다. "나의 삶은 괴롭지 않았습니다. 고통을 기쁨으로 만들 줄 알았기 때문입니다." 이 말에서 우리는, 왜 인간의 가치를 성공 여부가 아니라, 곤경과 좌절을 받아들이고 견디는 방식으로 가늠해야 하는지를 알 수 있다. 그러기에 숱한 고통을 감내했던 위인들은 말한다. "고통을 그대 안에 받아들여 그대 것으로 삼고 좋아하시오."

이를 실천하는 사람들한테서 우리는 인간의 심오함이 무엇인지 알 수 있다. 그들은 우리에게, 인간은 고통을 통해 비로소 온전한 인간이 된다고 가르친다. 고통 중에 비로소 인간은 가장 내밀한 본질에, 정신의 자유와 존엄이 내재하는 심연에 다다르기 때문이다. 고통 중에 악은 소실된다. 고통은 순수함·선함·아름다움이 샘솟는 원천이다.

나아가, 고통을 받아들이면 개인적 기도가 이루어진다. 고통을 통해 기도에 침잠하는 것은 성서의 근본 주제다. 고통은 인간을 하느님과의 대화로 인도한다. 그리고 하느님과의 대화에서 전 인격이 표현되도록 도와준다. 이 점을 우리는 요나에게서 극명하게 본다.

게다가 고통 중에는 어려운 운명을 짊어진 모든 사람과의 연대성이 싹튼다. 고통을 겪는 사람과 한동무 되는 새 세계가 열린다. 이런 연대성으로 우리는 예수의 산상설교를 실천한다.

중병으로 입원한 한 여인의 태도가 이 말의 뜻을 밝힌다. 그녀는 아무렇지도 않은 듯 명랑하게 말했다. "많은 사람이 입원해 있습니다. 나도 한번쯤 여기 끼는 건 아주 공평한 일입니다." 이 말은 타인의 어려움에 동참하려는 사랑에 근거한 인간적 연대성을 드러낸다. 바로 여기 하느님 사랑의 신비가 있다. 하느님은 인간으로 강생하시어 인간 대열에 합류하셨다. 삶의 마지막 날에 예수께서는 두 죄수와 같은 모양으로 십자가에 달리셨다.

지금까지 다양한 관점에서 언급한 내용을 요약하자: 그 심연의 끝에서 어둠은 결코 어둡지 않으며, 암흑은 암흑이 아니다. 이런 체험을 바탕으로 게르트루트 폰 르 포르트Gertrud von le Fort는 말한다. "기적은 백주에만 일어나는 것이 아니다. 밤에도 기적이 있다. 황무지에만 피는 꽃이 있으며, 사막의 지평선에서만 빛나는 별이 있다. 우리가 철저히 버려졌을 때만, 절망의 끝자락에서만 경험하는 하느님의 사랑이 있다."

물고기 뱃속의 요나라는 이 우화적 서술의 핵심은 외적 사건이 아니다. 요나 이야기는 우리 자신의 삶을 상징과 비유로 묘사한다. 우리가 삶의 위기를 극복하게끔 하느님께서 도우시고 인도하신다는 이야기다.

하느님께서 우리 삶에 행하시는 이런저런 사건이 없었다면, 그리고 그것이 우리 본성에 딱 들어맞구나라고 믿음으로 받아들이지 않았다면, 우리 삶은 어떻게 되었을까? 어쩌면 우리는 한번쯤 물었을 것이다: 얼마만큼 더 깊이 추락해야 우리 삶에 근본적 변화가 필요하다는 것을 비로소 절실하게 느낄 수 있는지. 혹은: 우리에게 어떤 일이 더 닥쳐야 꿈과 미망 속에서 헤맬 모든 가능성이 사라지겠는가.

요나 이야기가 전하는 메시지는 이것이다: 하느님께서는 우리가 택한 길을 파멸시켜 그 길의 심연을 체험하게 하시고 그 심연에서 당신의 길을 새로이 열어 주신다. 이는 결국 우리가 세상 사람들을 위해 짊어져야 할 몫이기도 하다. "주님께서는 그 물고기에게 분부하시어 요나를 육지에 뱉어 내게 하셨다"(요나 2,11). 그리하여 요나는 이제 니느웨로 간다.

이런 맥락에서 루돌프 뵈싱어Rudolf Bösinger는 묻는다. "심연을 체험한 사람 아니면, 누가 도움을 베풀겠는가?" 이어 말하기를:

> 심연을 모르는 사람은
> 아무도 도울 수 없다.
> 스승도 가르칠 수 없고,
> 정치인도 일할 수 없고,
> 의사도 치유할 수 없으며
> 아버지도 양육할 수 없다.
> 어머니도 이끌 수 없고,
> 사제도 위로할 수 없으며
> 사상가도 이해할 수 없다.
> 심연을 모르면,

글도 쓸 수 없고
말도 할 수 없으며
노래도 부를 수 없다.

심연 저 밑바닥을 체험한 사람만이 다른 사람도 피상적인 삶에서 구할 수 있다. 이 지평에서 바로 주님께서 요나에게 두 번째 부여하신 예언적 사명이 부각된다. 그럼에도 우리는 미리 말한다: 물고기 뱃속에서의 요나의 변화는 그리 항구하지 않았다. 우리는 위기 상황에서 겪은 일들은, 삶이 다시 가지런해지면 쉬 잊고 만다. 바로 옛 습관으로 돌아간다. 아니면, 은총적 체험을 항구한 자산으로 간직하기도 한다.

다시 육지에 발 딛게 하는 것은?

> 주님께서는 그 물고기에게 분부하시어
> 요나를 육지에 뱉어 내게 하셨다.
>
> 요나 2,11

빌헬름 빌름스Wilhelm Willms의 꿈 이야기에는 생각할 거리가 많다. "나는 감옥에 있었다. 사방이 높고 견고한 벽이었다. 벽에 문이 있었다. 나는 미친 듯이 이 문 저 문 열려고 애썼다. 잠겼다. 절망적으로 문을 밀어 보았으나 견고한 철문은 요지부동이었다. 지쳐 주저앉았을 때 누군가 다가와 다정하게 말했다. '따라오시오. 열린 문이 있소.' 벽이 움직였고, 내 눈도 열렸다. 벽을 통해 나갈 때, 마치 나 자신에게서 빠져나가는 느낌이었다. 나는 돌연 나 밖에 나와 있었다. 그때 나는 깨달았다. 나는 내 스스로 만든 감옥에 갇혀 있었던 것이다."

이 꿈 이야기는 꿈을 '미망'으로만 볼 필요는 없다는 것을 말해 준다. 값진 선물을 담은 꿈도 많다. 이런 꿈을 통해 우리는 이례적으로 자신의 진면목을 본다. 더는 어찌해야 좋을지 모르겠을 때 흔히 하는 경험이다. 곤궁에 빠지면 누구나 꿈에서 도움을 구하려 할 것이다. 이런 관점에서 자신의 과거를 주의 깊게 되돌아보는 것도 괜찮겠다. 잠들기 전에 이렇게 말해 보라. "오늘밤 꿈을 유심히 지켜보자. 좋은 방도를 알려 줄지도 모르니까."

꿈속에서는 우리가 능동적으로 활동하는 것이 불가능하기 때문에 하느님께서 우리 삶에 개입할 수 있는 여지가 많다. 흔히들 꿈은 무의식의 산물이라고 한다. 그렇다면, 우리가 왜 하필 지금 이 꿈을 꾸었는지가 제대로 설명되지 않는다. "따라서 옛사람들이 믿듯, 하느님께서 우리에게 꿈을 주시고, 꿈을 통해 무엇인가를 말씀하신다고 생각하는 편이 낫겠다"(Anselm Grün).

꿈은 이정표의 전형이다. 요나 이야기도 이런 이정표 역할을 한다. 요나 이야기를 보편적인 꿈 이야기로 여겨도 좋다. 우리 모두에게 적용되기 때문이다. 우리도 하느님에게서 도망치려 하다가 조만간 자력으로는 헤어날 수 없는 상황에 봉착할 것이다.

그런 벼랑 끝 상황은 다양한 비유로 묘사된다. 앞의 꿈 이야기에는 감옥이 등장했다. 융C.G. Jung의 꿈 이야기에는 고통과 곤궁의 캄캄한 바다가 나온다. 해방을 기리는 이스라엘의 찬미가, 시편 124는 이렇게 노래한다. "우리는 사냥꾼의 그물에서 새처럼 벗어났도다. 그

물은 찢어지고 우리는 벗어났도다"(시편 124,7-8). 마태오 복음사가는 길 잃은 한 마리 양 이야기를 들려준다(마태 18,12-14 참조). 요나서는 물고기 뱃속의 요나를 이야기한다. "물고기를 더 크게 상상할수록 비유를 더 잘 이해한 것이다"(Eduard Haller).

감옥이든 어두운 바다든 그물이든 덤불이든 물고기 뱃속이든, 우리를 가두는 것은 결국 우리 자신이다. 지금 누구를 설득시키고 싶은 마음은 없다. 그러나 우리가 생각보다 이기적이라는 걸 좀 인정했으면 좋겠다. 어느 날 아르스의 성자가 한 부인에게 속내를 털어놓았다. "당신의 비참을 스스로 완벽히 깨닫기를 하느님께 청하지 마시오. 일찍이 내가 그런 기도를 드렸을 때 하느님께서는 들어주셨습니다. 그분께서 붙잡아 주시지 않았다면 나는 절망의 늪에 빠졌을 겁니다."

그럼 누가 친절하게도 우리를 자신에게서 탈출하도록 도와주는가? 요나 이야기에 물으면 양심이라고 대답할 것이다. 하느님은 양심을 통해 우리를 부르신다. 요나가 이 부르심에서 도망치려고 애쓰는 한 물고기 뱃속이라는 감옥, 자신의 감옥에 갇혀 있을 것이다. 그러나 양심의 소리에 귀 기울여 하느님의 뜻을 따르는 순간, 그는 자신과 하나가 된다. 꿈 이야기는 말한다. "벽이 움직였고, 내 눈도 열렸다. 벽을 통해 나갈 때, 마치 나 자신에게서 빠져나가는 느낌이었다." 요나서 2장

마지막 구절은 "주님께서는 그 물고기에게 분부하시어 요나를 육지에 뱉어 내게 하셨다"고 말한다. 양심의 소리를 듣는 순간 우리도 요나처럼 다시 발 디딜 육지를 얻는다. 새 세상이 열리고 새 생명이 싹튼다.

이는 전체 속에 심리적인 측면도 포함된다는 점을 암시한다. 하인츠 렘플라인Heinz Remplein은 『인격의 심리학』*Psychologie der Persönlichkeit*에서 이렇게 말한다. "영적 건강은 삶이 개인의 양심과 본질의 법칙에 얼마나 부합하느냐에 달려 있다. 노이로제는 책임을 회피하고 양심의 소리를 외면하는 데 기인한다. … 그렇다면, 노이로제는 인격이 양심으로 회귀하여 자기 자신 및 본질 법칙과 일치함으로써만 치유될 수 있다." 양심의 소리를 간과하는 사람은 자신과 멀어져, 결국 자기 통제력을 잃는다. 어둠의 충동이 그를 이리저리 뒤흔든다. 양심에 귀의함으로써만 자신을 다스릴 수 있다.

화가 오토 딕스의 다재다능한 딸 넬리 딕스Nelly Dix는 스물두 살 때 요나 이야기를 매우 정감 있는 동화로 꾸몄다. 요나가 니느웨로 갈까 말까 망설일 때, 자칭 하느님의 사자使者라는 한 남루한 남자가 요나의 어깨를 살짝 건드리며 말했다. "요나, 구원받아야 할 니느웨를 잊지 말게. 주님께서는 그대를 니느웨로 보내시네." 요나는 대답한다. "잘못 짚었습니다. 니느웨가 나와 무슨 상관입니까? 다시 말하지만, 나는 당신하고 일 안 합니다." "하지만 나는 그러고 싶은걸." 하느님의 사자는 흔들림 없이 밀어붙였다. "주님께서 그대에게 내리시는 분부가 들리지 않는가? 가서 주님의 뜻을 실현하게!" 그는 요나가 가는 곳이면 어디든지 따라다녔고, 이야기 끝 무렵 다시 등장한다. 요나가 그의 옆모습을 보고 속으로 생각했다. "나하고 닮았네 … 내 형제인가 … 아니면 바로 나인가. 날 피해 다니듯, 그를 피해 다녔구나. 나와 맞서 싸우듯, 그와 맞서 싸웠구나 …. 내 곁을 떠나지 말았으면 … 꼭 내가 날 버리고 떠나는 것 같으니까 …. 내가 뭘 해야 할지 말아야 할지, 그가 없으면 누가 내게 일러 줄꼬? 그를 괴롭히는 것은 곧 나 자신을 아프게 하는 것, 내가 착한 사람이라면 그도 나처럼 착한 사람일 텐데 …." 그 순간 하느님의 사자가 요나에게로 돌아선다. 그는 미소로 답한다. "오 형제여!" 둘은 얼싸안고 뺨에 입맞춤한다.

이 독특한 동화는 우리 자신, 우리의 정체성에 이르는 길을 제시한다. 정체성은 하느님께서 우리에게 맡기신 사명을 받아들일 수 있게 한다. 정체성만이 우리를 단단한 땅에 발 딛게 하고, 우리가 가야 할 길로 인도한다. 결코 우리 곁을 떠나지 않는 하느님의 충직한 사자, 양심이란 무엇인가? 그것은 우리 정체성으로 가는 길을 일러 우리 안의 온갖 갈등을 극복하도록 도와주는 안내자다.

우리 안에 현존하시는 하느님의 장소, 양심의 소리를 듣자 — 이제 비로소 우리가 모름지기 되어야 할, 기쁨에 겨워 신명나는 참 사람이라는 느낌이 온다. 이 생각이 헤르만 클라우디우스(Hermann Claudius, 1878~1980)의 시 「전환」*Die Wende*에 깃들어 있다.

> 길 위에서 누가 내게로 왔다.
> 그가 말하길, 그게 바로 나란다.
> 우리는 오솔길을 함께 걸었다.
> 서로를 빤히 쳐다보았다 — 정말!
>
> 우리는 오래 마주 보고 있었다.
> 오랫동안 뚫어져라 쳐다보았다.
> 그리고 말하길: 당신은 아니오.
> 둘은 계속 걷기만 했다.
>
> 한 걸음씩 나아갔다 — 한 걸음.
> 그때 나는 분열에서 치유되었다.
> 또 한 사람이 웃으며 동행했다.
> 그게 바로 나였다.

하느님은 늘 목적을 이루신다 — 요나하고도!

> 주님께서는 큰 물고기를 시켜 요나를 삼키게 하셨다.
> 요나는 사흘 낮과 사흘 밤을
> 그 물고기 뱃속에 있었다. …
> 주님께서는 그 물고기에게 분부하시어
> 요나를 육지에 뱉어 내게 하셨다.
>
> 요나 2,1.11

인간의 삶을 결정하고 형성하는 요인은 다양하다. 출신, 일상의 환경, 사회적 관계 등. 여기다 인생 행로를 결정할 갖가지 개인적 결단도 한몫한다. 하지만 우리는 나이 들어 가면서 삶의 결정적 인도자가 우리 자신이 아님을 깨닫는다. 모종의 보이지 않는 힘이 우리를 인도하고 다스린다는 생각이 내심 짙어진다. 누군가가 조용히 우리 손을 잡아끌고 있다는 직감이 매우 강하다. 삶의 결정적인 국면에서 흔히 겪는 일이다.

이는 위대한 신앙인들의 흔들림 없는 확신이었고, 지금도 그렇다. 디트리히 본회퍼Dietrich Bonhoeffer는 사형수

감방에서도 그런 신념을 잃지 않았다. 그는 옥중에서 이런 편지를 썼다. "제 걱정일랑은 마세요. … 하느님의 손길과 섭리가 제겐 너무도 확연합니다. 저는 이런 확신을 언제까지나 간직할 것입니다. 기쁘고 감사한 마음으로 제 갈 길을 간다는 것을 추호도 의심치 마세요. 저의 온 삶이 하느님의 자비로 가득 차 있고, 십자가 위 그분의 용서하시는 사랑은 죄를 이깁니다."

하느님의 섭리와 안배 — 이것은 성서 전체를 관통하는 주제다. 이 주제는 요나 이야기에도 도드라지게 나타난다. 하느님께서는 예언자 요나를 부르시고 니느웨로 보내신다. 그가 하느님의 부르심에 그냥 순종했더라면, 그의 삶이 얼마나 달라졌을 것인가. 요나는 그리하지 않았다. 그는 하느님에게서 달아남으로써 점점 더 자기 자신에게 사로잡힌다. 그래도 하느님은 요나를 버리지 않으신다. 우리가 하느님을 버려도 하느님은 우리를 버리지 않기 때문이다. 하느님께서는 불굴의 사랑과 자비로 요나에게 다가가신다. 그분은 요나가 자신의 근원으로 돌아갈 정황을 은밀하게 조성하신다. 성서는 분명히 말한다. "주님의 말씀이 아미때의 아들 요나에게 내렸다. … 주님께서 바다 위로 큰 바람을 보내시니, … 주사위가 요나에게 떨어졌다. … 주님께서는 큰 물고기를 시켜 요나를 삼키게 하셨다. … 주님께서는 그 물고기에게 분부하시어, 요나를 육지에 뱉어 내게 하셨다." 이야기는 이렇게 이어진다. "주님의 말씀이 두 번째로 요나에게 내렸다. … 하느님께서는 그들이 악한 길에서 돌아서는 모습을 보셨다. 그래서 하느님께서는 마음을 돌리시어 그들에게 내리겠다고 말씀하신 그 재앙을 내리지 않으셨다. … 주 하느님께서는 아주까리 하나를 마련하시어 요나 위로 자라 오르게 하셨다. … 하느님께서 벌레 하나를 마련하시어 아주까리를 쏠게 하시니, 아주까리가 시들어 버렸다. 해가 떠오르자 하느님께서는 뜨거운 동풍을 보내셨다." 이렇게 하느님께서는 요나와 더불어 목적을 이룰 요량으로 늘 새로운 조건을 창출하신다. 요나가 하느님에게 소중했기 때문이다. 그렇지 않았다면 하느님은 다른 사람을 보내셨을 것이다.

요나 이야기가 암시하는 바는 이러하다: 이 세상 모든 것, 모든 피조물, 모든 사건과 정황은 하느님의 위대한 구원 계획 아래 놓여 있다. 하느님 없이는 아무 일도 일어나지 않는다. '우연'처럼 보이는 것도, 요나에게 떨어진 주사위도 하느님의 섭리다. 물론 인간에게는 자유가 있다. 하지만 인간의 자유보다 더 위대한 것이 있으니, 그것이 바로 하느님의 사랑이다. 하느님의 사랑은 늘 삶의 배후에서 작용하며 우리를 구원한다.

우리의 가장 내밀하고 심오한 신앙은 '섭리 신앙'이라는 사실을 여기서 깨달을 수 있다. 말하자면, 진정한 신앙인은 자신의 삶과 세계사의 흐름에서 하느님의 손길을 느끼지 못할지라도 그분의 안배와 섭리를 굳게 믿는다. "그대의 계획을 망치고 꿈을 앗아가고 삶의 행로를 뒤흔들었던 의외의 사건들을 긍정하십시오. 그것들은 우연이 아닙니다. 그대의 나날을 결정할 자유를 하늘 아버지께 맡기십시오"(Dom Helder Câmara). 하느님께 의지할수록, 하느님의 섭리에 자신을 내맡길수록, 삶은 신성해진다. 우리 삶은 우리가 모든 것을 내맡기는 그분 모습대로 될 것이기 때문이다.

이 맥락에서 '희망'이라는 말이 무슨 뜻인지 새겨 보자. 어둠 속에서도 빛을 신뢰하는 것이 희망이다. 육지가 보이지 않을 때도 육지를 믿는 것이 희망이다. 물고기 뱃속에서 요나는 구원의 땅기슭이 얼마나 가까이 있었는지 알아채지 못했다.

그러니 하느님의 사랑과 자비에 깊이 잠심하는 것은 얼마나 좋은가. 하느님의 섭리에 대한 믿음이 사라지는 곳에 맹목적 운명과 인간의 부자유에 대한 믿음이 싹트기 때문이다. 인간의 부자유는, 늘 그런 건 아니지만, 곧잘 도덕적 후유증을 초래하곤 한다. 폴 클로델Paul Claudel은 하느님을 외면했던 지난날을 이렇게 회고했다. "만물은 '법칙'의 지배를 받으며, 세상은 과학이 조만간 밝혀낼 인과의 사슬에 불과하다고 믿었다. 이 모든 것이 몹시 우울했고 불만스러웠다. … 게다가 나는 부도덕하게 살면서 차츰 타락의 나래에 빠져들었다." 내적 불안과 정처 없는 삶이 그에게 습관화되었다.

피상적인 현세 풍조에 초연한 채 신앙의 심오한 원천으로 사는 사람이 뿌리 내린 근본 진리는 이것이다: 각 개인은 인격적 사랑의 산물이고, 하느님은 개개인 모두를 아시고 돌보신다.

뉴먼은 1835년 4월 5일, 「복음이 계시하는 특별한 섭리」라는 제목의 설교에서 개인적 섭리 체험을 아름답고 생생하게 묘사했다:

"하느님께서는 지금 그대가 처한 상황에서 그대를 개별자로 대하십니다. 그분은 '그대의 이름으로 그대 자신을 부르십니다'(이사 43,1). 그대를 보시고 이해하십니다. 그대의 창조주이기 때문입니다. 그분은 그대 안에 일어나는 것을 다 아십니다. 그대의 사사로운 느낌과 생각, 성향과 재능, 강점과 약점을 다 아십니다. 기쁠 때나 슬플 때나 그대를 지켜보십니다. 그대의 희망과 노력에 동참하십니다. 그대의 불안과 기억, 기분의 고저를 다 아십니다. 그분은 그대 머리카락 수와 키와 몸무게까지 아십니다. 그분이 그대를 품에 안으십니다. 그대를 들어 올렸다내렸다 하십니다. 그대 얼굴을 보시며 그대가 웃는지 우는지, 건강한지 아픈지 살피십니다. 그대 심장의 박동 소리와 숨소리까지 들으십니다. 그분은 그대 자신보다도 그대를 더 사랑하십니다. 그대는 시련 앞에서 두려워 전율하겠지만 그대의 시련에 동참하시려는 그분의 뜻이 더 크십니다. 하느님께서는 그대에게 시련을 주시되 어떻게 그대 스스로 더 큰 선을 위하여 행동하는지 봐 가면서 주십니다. 그대가 현명하다면 그리할 것입니다. 그분은 작은 참새들을 돌보시고, 니느웨의 암소들에게도 자비를 베푸실 테지만(마태 10,29; 요나 3,7 이하 참조) 그대는 그런 피조물 이상입니다. 그대는 인간입니다. 하느님 품속에서 해방되고 구원된 하느님의 자녀입니다. 그대는 복되게도 하느님께서 당신 외아들에게 베푸신 영광과 행복을 함께 나누고 있습니다. 그대는 그분의 것으로 선택되었습니다."

이 설교는, 다양한 버전으로 회자되는 작자 미상의 어떤 이야기에 대한 그럴싸한 주석이다. "어느 날 꿈에 나는 주님과 바닷가를 거닐었다. 그때 한 줄기 빛이 지난 나의 삶을 모래 위 발자국처럼 드러냈다. 마지막 발자국을 지나 뒤를 돌아 보니, 내 삶의 가장 어렵던 시절에는 한 사람 발자국만 찍혀 있는 것이 아닌가. 나는 몹시 당황하여 주님께 외쳤다. '제가 한때 당신을 따르려고 모든 것을 바쳤을 때, 당신은 늘 제 곁에 있겠노라 말씀하셨지요. 그런데 제가 절망에 몸부림치던 시절, 왜 당신은 저를 버리셨습니까?' 주님은 내 손을 잡았다. '사랑하는 아들아, 나는 너를 잠시도 홀로 두지 않았다. 불안과 고난의 시기에는 더 말할 것도 없다.

모래 위에 한 사람 발자국만 찍힌 건, 그때 내가 널 업고 걸었기 때문이다.'"

이런 믿음은 우리가 나락으로 떨어져도 결국 그곳은 하느님 손 안이라는 확신을 심어 준다. 달리 말해, "하느님을 사랑하는 사람들에게는 모든 일이 서로 작용해서 좋은 결과를 이룬다"(로마 8,28). 아우구스티누스는 거기에 "죄까지도"(etiam peccata)라고 덧붙인다. 이런 믿음으로 사는 사람은 행복하다. 여기에는 내적 경쾌함과 단순함이 결합되어 있기 때문이다. 이 둘은, 하느님이 우리와 함께하시고 그분에게는 불가능이 없다는 부동의 믿음으로 지탱되는 위대한 삶의 양 날개다. 하느님께서 받쳐 주시면 견디지 못할 일이 없다. 하느님께서 붙들어 주시면 버티지 못할 일이 없다. 하느님이 우리에게 결코 무리한 요구를 하시지는 않는다. 우연인 줄 알았던 일도 언젠가는 우리에게 합당하게 부여된 일로 드러날 것이다.

· III ·

죽으면 살리라

믿음의 도시 니느웨

> 니느웨 사람들이 하느님을 믿었다.
> 그들은 금식을 선포하고
> 가장 높은 사람부터 가장 낮은 사람까지
> 자루옷을 입었다. …
> 하느님께서는 그들이 악한 길에서
> 돌아서는 모습을 보셨다.
> 그래서 하느님께서는 마음을 돌리시어
> 그들에게 내리겠다고 말씀하신 그 재앙을
> 내리지 않으셨다.
>
> 요나 3,5.10

저명한 종교철학자 로마노 과르디니Romano Guardidni는 팔십 수를 누리다가, 죽기 직전 이런 말을 남겼다. "단순한 것이 진정 위대한 것임을 나이 들수록 더 분명히 깨닫는다. 그래서 단순한 것이 제일 다루기 어렵다." 하느님께서 일러 주시는 길이 바로 그런 것이다. 그 길은 쉬워 보이지만, 실제로 따르기는 매우 어렵다. 예언자 요나를 보자. 요나가 "하느님을 모르는 도시"의 멸망을 예언하러 니느웨에 갈 엄두를 내기까지 얼마나 많은 시간이 필요했던가! 배에서, 거센 바다에서, 물고기 뱃속에서 온갖 고초를 겪어야 하지 않았던가!

해야 할 일을 단순하게 행하기 위하여 우리도 얼마나 많은 내적 정화 과정을 거쳐야 하는가? 한 젊은 부인이 생각난다. 그녀에게는 4년 동안 힘겹게 투병하다 세상을 떠난 친구가 있었다. 이 일로 그녀는 단순해지는 과정을 체험했다. 친구가 세상을 떠난 다음, 그녀는 이렇게 말했다. "저는 친구를 통해서 사랑이 무언지를 체험했습니다. 사랑을 줄 줄도 받을 줄도 몰랐다는 것을 알았습니다. 사람을 만날 때도, 얼굴만 보고서 '저런 얼빠진 인간!' 해 버리지 않고 '각 사람 안에는 더 깊고 위대한 뭔가가 있구나!'라고 깨닫기가 얼마나 어렵던지요! 살면서, 사람을 그냥 있는 그대로 받아들이지 못하고 거부한 적이 얼마나 많았던지요!" 어떻게 이런 단순성을 지닐 수 있을까?

다시 요나 이야기. 요나서 3장은 작은 요나가 크고 악한 도시로 들어가 겁먹은 채 "이제 사십 일이 지나면 니느웨는 무너진다!"고 예언하는 모습을 그린다. 이것이 거기서 그가 한 일의 전부였고, 그런 다음 그곳을 도망치듯 빠져 나왔다. 우리에게는 이런 의미다: 그대가 이 순간 할 수 있는 일을 하라. 아무리 사소한 것일지라도 그것이 단순성을 향한 노정의 첫걸음이다.

"그대가 이 순간 줄 수 있는 것을 주라!"는 말에는 또 다른 차원이 있다. 우리의 작은 베풂이 하느님 눈에는 크게 보일 수 있기 때문이다. 하느님께서 거기서 무엇을 이끌어 내실지는 아무도 모른다. 어쨌든 요나가 니느웨에서 외쳤던 짧은 말은 니느웨 사람들의 회개를 야기시켰다. 아무도 예상치 못한 일이었다.

회개란 무엇인가? 다들 어느 정도 알고 있다. 일탈했다가 되돌아온 경험이 누구에게나 있기 때문이다. 그저 되돌아오는 것이 회개라면, 회개가 그리 어려운 일만은 아니다. 하지만 가던 길을 가는 것이 습관처럼 될 때 문제는 달라진다. 낯선 경험이 아니다: 걸어온 길이 멀수록, 가던 길을 계속 가려는 내적 강제가 더 강해진다. 마치 걸어온 길이 그리하도록 강요하는 것 같다. 매일 걷는 길뿐만 아니다. 인생길도 그렇다.

그러니 인간의 개선 가능성을 그리 높이 치지 않는 사람들이 이해가 된다. 우선 예언자 예레미야의 말씀. "에티오피아 사람들이 제 피부색을 바꿀 수 있겠느냐? 표범이 제 가죽에 박힌 점을 없앨 수 있겠느냐? 그렇다면 악에 젖은 너희도 좋은 사람이 될 수 있으리라"(예레 13,23). 나이 들수록 변하기 어렵다는 것도 안다. 삶의 방향 전환은 젊은이에게도 쉬운 일이 아니다. 여기에, 오류를 피하기란 너무 고단하고 최선의 결단조차 작심

삼일일 뿐이라는 우리의 우울한 체험까지 가세한다. 이 모든 것이 진정한 회개에 이르지 못하는 이유를 잘 말해 준다.

그럼에도 불구하고 회개가 가능하다는 것이 성서의 근본 주제다. 하지만 회개는 신앙과 결합될 때만 가능하다. 신앙은 회개의 동력이다. 신앙 없는 회개는 시도에 불과할 뿐이다. 믿는 만큼 회개할 수 있다. 예수께서도 "믿는 사람에게는 모든 것이 가능하다"(마르 9,23)고 말씀하신다. 덧붙여, 신앙의 힘으로 산을 옮기고 모든 심연을 메울 수 있다고 설명하신다(마태 17,20 참조). 굳건한 신앙은 회개를 가능하게 한다. 아무 생각 없던 폭력의 도시 니느웨는 이런 확신의 진정성을 대표한다. 그 도시를 두고 성서는 "니느웨 사람들이 하느님을 믿었다"(요나 3,5)라고 말한다. 그들의 삶은 바뀌었다.

니느웨 사람들의 믿음은 매우 중요한 어떤 것을 암암리에 드러낸다. 하느님 말씀을 받아들이는 사람이라면 누구나, 자기 내면의 반대 세력이 들은 말씀을 망가뜨리려 갖은 수를 다 쓴다는 것을 알게 될 것이다. 하느님 말씀이 꽃필 자리가 열리는 때는 그런 반대 세력이 입을 다물 때다. 그런 내적 싸움은 힘겨운 노력 없이, 하루아침에 이루어질 수 없다는 것을 니느웨 사람들 행동 하나하나가 명백히 보여 준다. 이런 독실한 태도가 니느웨 사람들의 멸망을 막았다. 사실 니느웨 사람들이 회개할 줄은 아무도 몰랐다. 변화라는 건 도무지 상상조차 할 수 없으리만치 모든 것이 교착 상태에 빠져 있었다. 그러나 예기치 않았던 일이 일어났다 — 요나에게뿐 아니라 우리 자신에게도.

니느웨 사람들의 신앙을 북돋우었던 것은 무엇일까? 멸망에 대한 불안만은 아니었으리라. 불안만 가지고는 니느웨에서 벌어진 일을 수행할 수 없기 때문이다. 오히려, 어떤 경우에도 우리를 사랑하시기 때문에 회개하도록 우리에게 '압력'을 가하는 어떤 분이 계시다는 직감 때문이었으리라. 하느님은 우리를 흔들림 없이 사랑하시므로 우리를 신뢰하신다. 그래서 우리도 하느님을 믿을 수밖에 없다. 결국, 니느웨 사람들에게 신앙은 이런 것이었다: 하느님 말씀을 듣고 진지하게 생각하기, 말씀을 삶에 받아들이기, 자신의 운명을 말씀에 맡기기, 하느님 사랑에 자신을 오롯이 바치기.

이렇게도 말할 수 있다: 신앙이란 자신의 운명을 믿는 마음으로 하느님 손에 맡기는 행위. 아무리 늦어도, 우리가 죽음의 어둠에 들 때는 이런 행위가 요구된다. 믿음이 다양한 상황 속에서 미리 숙련되어 있어야겠다. 이 맥락에서 임금의 말에 주목하자. "하느님께서 다시 마음을 돌리실지 누가 아느냐?"(요나 3,9). "(행여) 누가 아느냐?"라는 표현은 하느님의 자비에 대한 끝없는 신뢰를 드러낸다. 용서가 거저 베풀어지는 은총이며, 가늠할 수 없는 하느님 사랑의 공짜 선물임을 말해 주는 것이다. 니느웨 사람들의 신앙이 위대한 것은 (그때까지만 해도) '행여나' 싶던 하느님의 자비에 모든 것을 걸었기 때문이다. 그들은 하느님이 연민 때문에 당신의 심판 계획을 철회하실 거라는 데 희망을 걸었다. 아빌라의 성녀 데레사도 여기 어울리는 말을 했다. "하느님께서는 인간이 자신의 행동에 한계를 설정하지 않는 것을 좋아하신다."

하지만 '하느님의 마음 돌리심'을 어떻게 이해해야 할까? 마음을 돌리신다는 것은 하느님이 당신의 심판을 파破하신다는 뜻이다. 우리의 믿음과 회개를 바탕으로 하느님께서는 지난날 우리의 행동 방식이 어쩔 수 없이 야기시켰던 결과들을 지워 버리신다. 하느님의 마음을 돌리는 것은 가능하다.

"니느웨 사람들이 하느님을 믿었다"(요나 3,5)는 소식에 요나는 부끄러웠을 것이다. 어디 요나뿐이랴, 우리도 그렇다. 니느웨 사람들의 믿음에 견줄 만한 것이 우리에겐 없기 때문이다. "현대 세계와 교회는 자신의 신앙과 희망이 니느웨와 겨룰 만한 것인지 새롭게 검토해야 한다"(Hans Walter Wolff). 니느웨 사람들의 믿음은 우리 믿음에 대한 도전이다. 니느웨는 바로 살인·거짓·미망이 매일 조간신문을 더럽히는 우리의 세상이기 때문이다. 이런 세상과 그 안에 사는 사람 모두 치유될 수 있다는 것, 이것이 바로 니느웨가 전하는 메시지다.

니느웨 사람들의 믿음에서 두드러지는 두 가지 특징을 더 살펴보자. 첫째는 즉시성이다. 그들에게는 삶을 바꾸어 재앙을 면할 수 있는 사십 일의 말미가 있었지만, 삼십구 일을 기다리지 않고 "즉시" 회개하기 시작한다. "즉시"라는 말은 성서의 소명 사화에서도 결정적인 역할을 한다. 리지외의 성녀 데레사는 말한다. "거룩해지는 일을 내일로 미루지 마시오." 믿음으로 사는 일을 내일로 미루지 마라는 뜻이다. 성서의 "오늘"을 상기하자. "주님의 목소리를 들은 오늘, 너희 마음을 무디게 가지지 말라"(시편 95,8).

이런 맥락에서 아우구스티누스 『고백록』의 한 구절은 얼마나 놀랍고 인간적인가! "당신께서 '잠자는 자여, 일어나 죽은 자 가운데서 부활하라!'고 말씀하실 때, 저는 아무 할 말이 없었습니다." 아우구스티누스는 그저 게으르고 잠 덜 깬 소리로 "곧 일어나지요"만 늘어놓았다. "그러나 '곧 일어나지요'는 말뿐이고 '조금 더 자고요'만 질질 끌었습니다"(8.5).

니느웨 사람들의 즉시성에는 두 번째 특징인 결연성이 결합되어 있다. 그들은 더 이상 자신이 아니라 불가능을 가능케 하시는 권능의 하느님을 지향한다. 욥기에는 "마음먹은 일은 무엇이든지 다 이루어지고 앞길은 환하게 빛날 것일세"(욥기 22,28)라고 씌어 있다. 결연한 믿음은 모든 것을 가능하게 한다. 결연한 믿음은 인간의 의지와 하느님의 권능의 합작품이기 때문이다. 우유부단만이 인간 영혼을 지치고 병들게 한다.

즉시성과 결연성은 신앙을 순정純正하게 한다. 니느웨 사람들과 관련해서 한마디 덧붙이자. "하느님께서는 그들이 악한 길에서 돌아서는 모습을 보셨다. 그래서 하느님께서는 마음을 돌리시어 그들에게 내리겠다고 말씀하신 그 재앙을 내리지 않으셨다"(요나 3,10).

회개는 "죽어 이루어지리라" 법칙에 따라

> 그들은 금식을 선포하고
> 가장 높은 사람부터 가장 낮은 사람까지
> 자루옷을 입었다.
> 이 소식이 니느웨 임금에게 전해지자,
> 그도 왕좌에서 일어나 겉옷을 벗고
> 자루옷을 걸친 다음 잿더미 위에 앉았다.
>
> 요나 3,5ㄴ-6

"죽어 이루어지리라!" — 세상이 다 아는 괴테의 말이다. 이 짧은 경구에는 "후세를 위한 불후의 유산으로, 인간의 지혜"(Friedrich Wulf)가 담겨 있다. 시인은 늙어서 이 말을 했다. 1814년에 쓴 시 「복된 동경」*Selige Sehnsucht*은 『서동시집』*West-östlicher Divan*에 수록되어 있다. 마지막 연은 이렇다.

그리하여 죽어 이루어지리라!
이를 갖지 못한 한

> 너 어두운 땅의
> 아둔한 객客일 뿐.

이 연에 얽힌 사연: 환갑이 다 된 시인은 1807/8년 겨울, 자주 드나들던 출판업자 프롬만의 집에서 열여덟 살 수양딸 빌헬미네 헤르츨립을 사랑하게 된다. 이 사랑은 괴테를 완전히 옭아맸다. 온 내면을 사로잡아 뒤흔들어 놓았다. 자아가 무너질 정도였다. 힘든 내적 투쟁을 겪은 후 괴테는 이 어린 연인과 헤어진다. 노년의 왕성한 창작기는 그렇게 시작된다.

"죽어 이루어지리라!" — 괴테에게 이것은 "피할 수 없는 개선에 동의함이며, 내적 변화와 쇄신을 긍정함"(Ida Cermak)이다. 앞서 요나를 통해 확신했던 바를 여기서 다시 확인하자: 양심 때문에 자신에게로 돌아올 줄 아는 사람이 새로운 창작기의 출발선에 설 수 있다. 심지어 요나도 물고기 뱃속에서는 시인이 되었다.

"죽어 이루어지리라!" — 욕망·탐욕·공격성·슬픔·자기연민의 순간에, 모두가 날마다 듣는 외침이다. 이 외침에 귀 기울여 행할 때라야, 하루가 참으로 자기 것이 된다. 내면에서 빛이 비치고 어둠은 사라진다. 새로운 세계가 열리고 예기치 못한 힘이 솟는다. 깊은 현존의 기쁨이 싹튼다.

이런 체험은 '삶과 죽음'의 불가해한 통일성을 드러

낸다. 소멸 없는 생성 없듯, 죽음 없는 삶도 없기 때문이다. 날마다 죽는 연습을 함으로써, 죽음이 아니라 삶이 궁극적인 것이며, 죽음이란 삶으로 향하는 문이라는 말이 결코 공허하지 않다는 것을 절실히 깨닫게 된다.

이것이 암시하는 바는 또한 이러하다: "죽어 이루어지리라!"는 말은 다르싯으로 가는 미망의 길에서 실재하는 니느웨로의 회귀를 묘사한다. 그곳이야말로 우리가 하느님의 분부를 실현할 수 있는 장소다. 하느님께 닿으려는 사람은 이 길로 가야 한다. 다른 길은 없다. 그 길은 단꿈에서 깨어 하느님이 거하시는 가혹한 실재로 가는 길이다.

하지만 어떻게 그 길을 따를 것인가? 요나 이야기는 니느웨 사람들의 행동으로 답한다. 그들은 하느님 분부를 믿음으로 받아들인 후, 금식을 선포하고 "자루옷"을 걸쳤다. 단식하면서 그들은 "죽어 이루어지리라!"를 온전히 실천했다. "자루옷"의 의미는 무엇인가? 바로 '각성의 옷'이다. 이 옷을 입고 그들은, 우리가 '각성'이라 부르는 것에 도달하기 위해 모든 외부의 영향으로부터 자신을 보호했다. 이 뜻을 잘 묘사하는 유대의 잠언이 있다. 마르틴 부버Martin Buber의 글에 나오는 이야기를 조금 고쳐 소개하면:

어느 불신자不信者가 랍비를 찾아갔다. 온갖 질문으로 랍비의 믿음을 흔들 심산이었다. 그가 물었다. "하느님께서 '아담아, 너 어디 있느냐?' 하신 것을 어떻게 이해해야 합니까? 모든 것을 알고 계시는 분이라면, 그렇게 물을 필요가 없지 않겠습니까?" 랍비가 대답했다. "성서적 의미에서는 모든 시대 모든 인간이 현재성을 지닌다. 하느님은 모든 시대의 인간에게 '아담아, 너 어디 있느냐?'라고 부르시기 때문이다. 하느님께서 그렇게 물으시는 것은, 인간에 관해 모르는 것을 새삼 알고 싶어서가 아니다. 하느님께서는 인간 내면에 뭔가를 불러일으키시려는 것이다. 그것은 그런 질문을 통해서만 가능하다. 물론 인간이 그 질문을 진심으로 받아들일 때만 그렇다. '아담아, 너 어디 있느냐?'라는 물음은 그러니까, 이런 뜻이다: '너는 오랜 세월을 살았다. 그 세월 동안 너는 뭘 했느냐? 너는 지금 어디 있느냐?' 하느님께서는 그대에게 물으신다: '그대는 마흔여섯 해를 살았다. 그대는 어떤 사람이 되어 있는가? 그대는 어디쯤 와 있는가?'" 불신자는 지난 삶을 회고하며 랍비의 어깨에 손을 얹고 말했다. "그렇군요. 옳은 대답입니다." 말하는데 가슴이 벌렁거렸다.

자성自省이란 하느님의 가장 오래고도 새로운 질문, "아담아, 너 어디 있느냐?"를 자신에게 적용시키는 행위를 뜻한다. 이렇게 물을 줄 아는 사람은 깨달음에 이른다: "지금까지 살면서 그대는 뭘 했는가? 그대는 무엇이 되었는가? 그대는 어디 있는가?"

이 질문에 그 불신자는 당혹하여 가슴이 벌렁거렸다. 임금을 위시한 니느웨 사람들도 마찬가지였다. 성서는 이렇게 말한다. "이 소식이 니느웨 임금에게 전해지자,

- 그도 왕좌에서 일어나
- 겉옷을 벗고
- 자루옷을 걸친 다음
- 잿더미 위에 앉았다"(요나 3,6).

임금은 누구인가? 임금은 불멸하는 우리 안의 선善을 상징한다. 하느님이 끝없이 각성과 회개를 촉구하시는 우리의 왕다운 마음, 왕다운 자아를 상징한다. 그것은

- 불손의 왕좌,
- 지배욕의 왕좌,
- 이기심의 왕좌,
- 허영심의 왕좌를 버리고, 겸손의 "재"를 뒤집어쓴

다. "왕좌"·"잿더미"·"겉옷"·"자루옷" 등의 상징어가 자신에게 무엇을 의미할지는 각자의 상상력에 맡기자. "짐승은 … 우리의 원시적 '동물적' 욕구를 상징한다. '단식'은 안락과 소비벽에 대한 의식적 저항, 쾌락과 향락의 거부, 그릇된 시대정신과의 결별을 뜻한다"(Uwe Steffen). 이로써 "죽어 이루어지리라!"의 말뜻이 명백해진다. 모든 것을 버리라는 선언이다.

인간에게 요구할 수 있는 일 중 '다 버리기'가 가장 쉬운 것처럼 여겨질 수 있다. 뭔가를 붙드는 일과는 달

리 여기에는 특별히 애쓸 일이 없기 때문이다. 그래서 누구나 붙잡기보다는 버리기에 더 끌린다고 생각하기 쉽다. 그런데, 아니다. 다 놓아 버리는 삶이 왜 그리도 어려운가? 안전장치 없이 자신을 하느님께만 맡겨야 하기 때문이다. 이것저것만이 아니라 그야말로 전부를 내놓을 각오가 되어 있을 때만 할 수 있다. 게다가 전부를 하느님께 내드려야 한다. 그러지 않으면 결국 아무것도 버리지 않는 셈이다. 자신의 보잘것없는 부분마저 하느님께 맡기지 않고 어디 다른 데 숨겨 놓으면, 그것들은 곧바로 돌아와 우리를 새삼 괴롭힌다.

구체적으로 무엇을 버려야 하는가? 먼저 우리의 과거다. 우리가 과거를 버릴 수 있는 것은, 하느님께서 우리 '과거의 짐꾸러미'를 건네받아 우리 대신 짊어지시기 때문이다. 모든 과거의 짐들을 하느님 사랑에 내맡기면, 새로운 미래가 열린다. 그 이유를 헬무트 틸리케Helmut Thielicke는 이렇게 말한다. "하느님은 나에 대해서, '그는 이런저런 짓을 했다'라고 말씀하시지 않는다. 오히려, '(오만 가지 불순종에도 불구하고) 나는 그를 위해 이런저런 계획을 마련하고 있다'라고 말씀하신다". 뒤돌아보지 말고 앞만 보고 가야 할 이유가 바로 여기에 있다.

무엇보다 폭력을 버려야 한다. 폭력은 악의 일부다. 흔히 악은 폭력을 써서 타인의 삶을 앗아 가거나 부숴

버린다. 니느웨 사람들도 그랬고 요나도 그랬다. "요나는 … 권력과 무기 없이도 삶을 파괴했고 그의 사고와 존재가 이미 폭력적이었다"(Elisabeth Moltmann-Wendel). 우리의 생각과 말과 행위가 이미 얼마나 폭력적인가? 또 시기·질투·미움은 얼마나 쉽게 폭력을 드러내는가? 우리 자신을 폭력으로 대한 게 한두 번이던가? 폭력은 늘 우리에게 달라붙는다. '달라붙는다'라는 말이 문제의 핵심을 정확히 전달한다. 악과 폭력은 우리 본질과 상관없는 것이기 때문이다.

따라서 확실한 것은: 우리의 새 옷은 비폭력의 옷일 수밖에 없다. 우리는 이를 예수에게서 본다. 예수께서 공생활 초기 세례를 받으실 때, "하늘이 열리고 하느님의 영이 비둘기처럼 당신 위에 머무시는 것이 보였다"(마태 3,16ㄴ). 예수께서는 하느님의 영에 다스림받는 분으로서, 비둘기의 속성이 폭력의 모든 속성보다 더 강함을 믿는다. 이를 믿고 따르는 사람은 모든 폭력 행위를 포기함으로써 세례를 실천한다. 그는 하느님이 폭력 없이도 승리할 것임을 믿는다. 나의 삶에는 비둘기의 속성이 얼마만큼 스며 있는가?

그래도 간과하지 말자: 우리 본질과 상관없는 것을 모두 버리는 일은 우리가 인간으로서 배울 수 있는 가장 고귀하고도 어려운 예술이다. 그것이 어려운 까닭은 뼈아픈 이별의 과정을 겪어야 하기 때문이다. "자기 영혼을 조금이라도 아는 사람은, 그런 내버림이 그저 마음뿐, 생각뿐, 말뿐이 아니라 진짜로 이루어지기까지 얼마나 많은 시간이 필요하며, 얼마나 통렬한 변화가 요구되는지를 알 것이다"(Ida Friederike Görres). 모든 것을 싸잡아 내버림은 철저한 변화를 야기한다. 힘든 노작의 결실인 이런 변화 없이 인간은 진정 인간일 수 없다. 모든 것을 싸잡아 내버림만이 무한에 전념하고 무한을 받아들이려는 갈망을 우리 안에 일깨운다.

끝으로, 가끔 듣는 질문 하나: 이 세상의 관계들을 변화시키기 위해 개인은 무엇을 할 수 있는가? 이에 대해서도 요나 이야기는 니느웨 사람들의 행동으로 답한다: 세계를 점진적으로 변화시키는 움직임은 통상 '아래로부터' 이루어진다. 당시의 니느웨도 그랬고 우리 사는 이 땅에서도 마찬가지다. 다르게 생각하고 다르게 살 용기를 가지고 시작하는 사람들은 어디에나 있다.

구원의 도시 니느웨

> 하느님께서는 그들이 악한 길에서
> 돌아서는 모습을 보셨다.
> 그래서 하느님께서는 마음을 돌리시어
> 그들에게 내리겠다고 말씀하신 그 재앙을
> 내리지 않으셨다.
>
> 요나 3,10

니느웨가 하느님께 회귀하지 않았다면, 어떤 일이 일어났을까? 니느웨가 변함없이 니느웨로 있었다면, 어떻게 되었을까? 알베르 카뮈의 걸작 『페스트』가 생각난다. 이 소설은 북아프리카 오랑에서 일어난 한 사건을 다룬다. 오랑이든 니느웨든 이름은 중요하지 않다.

의사 베르나르 리외는 어느 날 집을 나서다가 쥐 한 마리가 마루 위에 죽어 있는 것을 목격한다. 처음에는 아이들 장난인 줄 알았다. 하지만 쥐는 끊임없이 죽어 갔고 사람들은 고열에 시달렸다. 이 불가해한 사건의 첫 희생자가 생기고서야 공포가 엄습했고 무서운 생각이 들었다. "평온했던 소도시가 조만간 폐허로 변하고 건강했던 사람들도 갑자기 선혈을 토하며 죽겠구나." 너나없이 같은 운명에 위협받고 있다는 것을 감지했다. "이제 다 같은 처지구나." 의심의 여지가 없었다: 페스트였다! 병이 점점 더 거세게 확산되자 사람들은 어쩔 수 없이 도시를 고립시키기로 결정했다. 성문을 닫고 왕래를 끊었다.

이런 조치는 도시 환경을 바꾸어 놓았다. 식량, 연료, 전기 등 모든 생필품이 한정 분배되었다. 교통량은 감소하고 상점은 문을 닫았으며 거리에 인적도 뜸했다. 오랑은 얄궂은 도시가 되었다. 그래도 오랑 시민들은 각성하지 않았다. 그들에겐 하느님보다 더 절박한 것이 많았다.

광란의 몇 주가 지나자 사람들은 의기소침해지기 시작했다. 일종의 순응이었다. 희망을 갖기엔 너무 지쳤다. 한편으로는 고삐 풀린 향락이 온 도시를 뒤덮었다. 오랫동안 꿈꾸었지만 충족되지 않던 것이었다.

페스트가 절정으로 치달았다 싶더니 뜻밖에도 기세가 주춤하기 시작했다. 병은 점차 잦아들다가 결국 완전히 자취를 감추었다. 도처에서 잔치가 벌어졌다. "어디서나 춤을 추었다. 내왕이 하루가 다르게 잦아졌다. … 종소리도 다시 울렸다. … 교회에서는 감사 기도를 드렸다. 하지만 그 시간에도 유흥가는 북적거렸다. …

소리 지르고 웃고, 난리였다."

기쁨의 환호는 도시에 만연한 무한고통과 야릇한 대조를 이루었다. 삶은 정상을 되찾았고 사람들은 일상으로 돌아왔다. 그러나 닥터 리외는 알고 있었다: "페스트균은 절대 박멸되지 않으며 가구나 빨래에 몇 년씩 잠복해 있다는 것을, 그리고 방·지하실·트렁크·손수건·낡은 책꾸러미 등에서 참을성 있게 기다리다가 인간에게 불행과 교훈을 안겨 주라고 쥐들을 깨워 보낼 날이 언젠가 다시 오리라는 것을."

카뮈의 소설은 우선, 상징소설이다. "페스트는 우리 모두가 공유하는 현대인의 통상적 삶을 가리킨다. 우리도 남을 해하고 세상에 폐해와 죽음을 초래할 위험에 직면해 있기 때문이다. 이런 유의 '감염'은 우리의 시대 정신 안에서 우리 삶이 가지는 당연한 결과다. 우리가 그 역병에 대적할 수는 없지만 (카뮈 생각에) 적어도 우리 자신이 그것을 옮기지 않으려면, 극도로 세심한 주의와 자기수양이 필요하다"(E.M. Lüders).

멋진 소설이다. 인간은 곤경에 빠진 다음에야 삶의 의미를 추구한다는 것을 보여 주기 때문이다. 카뮈는 오랑을 물질과 감각에 탐닉하는 도시로 묘사한다. 오랑 사람들은 하루 종일 열심히 일하지만 오로지 돈 때문이다. 남는 시간은 카페나 극장, 카드놀이, 수다, 육체적 쾌락에 쓴다. 다른 할 일이 있는 줄은 모른다. 그들에게 죽음이란 존재에서 부재로 이행하는 것에 다름 아니다. 죽음이 남의 문제만은 아니라는 사실을 그들에게 일깨워 준 것이 페스트였다. 페스트는 그들 모두를 한 줄에 세워 놓았다. 누구나 한 번은 서야 할 줄이다.

카뮈는, 곤경이 선의의 사람들을 자선에 몸담게 만든다고 한다. 그는 그런 도움에서 인간 실존의 참된 의미를 발견한다. 되도록이면 고통과 불행을 줄이려는 노력만이 중요할 따름이다. 닥터 리외는 하느님을 믿지는 않았지만, 고통받는 이웃을 돌보는 데 자신을 아끼지 않았다. "이웃의 불안을 함께 나누었으며, 이웃의 처지를 자신의 처지로 여겼다." 죽어 가면서 "안 돼!"라고 울부짖는 사람들을 본 후로는 죽음과의 투쟁이 단연 삶의 목표가 되었다. 투쟁하라, 그러나 무릎 꿇고 기도하지는 마라, 이것이 그의 슬로건이었다. 그는 대화 중에 이렇게 말한다. "세계 질서는 죽음이 결정한다. 따라서, 하느님이 침묵하는 하늘을 우러러보느니 하느님을 믿지 말고 힘껏 죽음과 싸우는 편이 하느님에게도 차라리 더 좋을 것이다." 그러나 이런 싸움은 갈수록 피곤만 더했다. 무관심과 나태를 동반한 피로였다.

이로써 세계를 하느님 없이 해석하려는 카뮈의 의도가 분명해졌다. 그에 따르면 이 세상에는 꿈도, 구원에 대한 갈망도, 피안에 대한 희망도 없다. 사실만이 유효할 뿐이다. 사실에 입각한즉, 세상을 지배하는 것은 하느님이 아니라 죽음이다.

　오랑 시민들에게든 카뮈에게든, 결정적으로 결여된 것은 니느웨 사람들의 믿음이다. 인간은 하느님의 권능으로 구원될 수 있다는 믿음이 그들에게는 없었다. 하느님이 모든 사건에 역사役事하시며 죽음의 역병 배후에도 우리의 회개를 촉구하는 예언적 메시지가 숨어 있다는 걸 믿지 않았다. 하느님께서 모든 사람을 사랑하신다는 걸 믿을 수 없었다. 일상을 돌아보면 도저히 믿기지 않는 일일 테지만 말이다. 오랑 사람들은 재앙의 결과에만 맞서 투쟁할 뿐이었지만, 니느웨 사람들은 재앙의 원인인 불신을 극복함으로써 악의 뿌리까지 제압했다. 성읍에 하느님을 받아들였으므로 니느웨 사람들에게는 새로운 세계가 열린다. 여기 우리에게 주는 메시지가 있다: 매순간 상황은 다를지라도 우리가 할 수 있는 일은 언제나 같으니, 그것은 하느님을 우리의 내면에 맞아들이는 일이다. 자신의 곤경 속에 하느님을 모셔들이는 사람은 결코 망하지도 않을 것이고 망할 수도 없기 때문이다. 하느님을 우리의 곤경·불행·죄에 받아들이면 희망을 잃을 이유가 없다는 것을 니느웨는 일러준다. 이것이 바로 니느웨를 '희망의 도시'로 만든 요인이다.

　어떻게 그런 일이 일어날 수 있는가? 구체적으로 어디서 시작해야 하는가? 하느님께서 우리 중심에 들어

오시려면 우리 마음속 니느웨의 어느 성문부터 활짝 열어젖혀야겠는가? 요나서가 구체적으로 언급하는 바는 없다. 하지만 영성의 대가들은 이 주제를 자주 거론했다. 그들은 분명히 말한다:

"그대가 시작하고 싶은 데서 시작하라!" 아마 그대는 자기의 유익만 구하는 이기주의자일지도 모른다. 충동을 조율하려 애쓰지 않을지도 모른다. 진리를 늘 경박하게 대할지도 모른다. 자신보다 타인에게 더 많은 것을 요구할지도 모른다. 시기와 질투가 심하고, 수다스럽고 인색하며 교만할지도 모른다. 그렇다면 이런 점들 가운데 아무거나 하나 골라 시작하라. 어디서 시작하느냐는 중요하지 않다. 신앙의 힘으로 여기저기 치우고 우리 안에 하느님 계실 곳을 마련하여, '바로 오늘' 시작하려는 진정하고 단호한 그대 의지가 중요하다. 과연 행한다면, 삶은 거기서부터 확 바뀌고 우리 안의 니느웨도 어떤 식으로든 달라질 것이다. 우리는 더 밝고, 더 투명하고, 더 활기찰 것이다. 오류를 극복하면 우리와 타인을 가르는 가면과 장벽이 무너지기 때문이다. 그러면 우리 사는 공동체도 우리를 통해 변화된다.

니느웨 사람들은 그것을 체험했다. 그들은 하느님을 성읍으로 모셔들이기 위해 '불의의 페스트'를 성읍 밖으로 몰아냈다. 이기적인 자아보다 더 흥미있고 더 위대하고 더 매력적인 것이 있다는 것을 그들은 그렇게 체험했다. 그들은 하느님을 '당신'으로 발견했다. 마르틴 부버의 하시딤에 관한 글에는 베르디트쉐버가 자주 부르던 노래가 있다. 우리도 천천히 묵상하듯 읊어 보지 않겠는가.

제 가는 곳에 — 당신!
제 있는 곳에 — 당신!
오직 당신, 새삼 당신, 늘 당신!
당신, 당신, 당신!

기쁠 때도 — 당신!
슬플 때도 — 당신!
오직 당신, 새삼 당신, 늘 당신!
당신, 당신, 당신!

하늘에도 — 당신, 땅에도 — 당신,
위에도 — 당신, 아래에도 — 당신,
제 향하는 곳 어디든, 세상 끝까지
오직 당신, 새삼 당신, 늘 당신!
당신, 당신, 당신!

우리 삶에서 가장 중요한 낱말이 뭘까? '당신'이라는 아주 소박한 말이다 — 하느님 당신. 믿는 마음으로 자아를 이 '당신'께 맡기고 자기 안에 이 '당신'의 자리를 마련하는 사람은 치명적인 멸망에서 구원받을 것이다.

니느웨 사람들에 관해 성서는 이렇게 말한다. "하느님께서는 그들이 악한 길에서 돌아서는 모습을 보셨다"(요나 3,10). 예나 지금이나 하느님은 그들의 행동을 주시하신다. 그들의 행동은 "사십 일 후 니느웨는 무너진다!"는 하느님 말씀보다 더 강했다. 하느님께서 그렇게 말씀하셨다. 기한도 정해졌다. 도시의 운명은 정해졌다. 하지만 말씀은 실현되지 않았다. 무엇인가 하느님의 손을 막고 있었다. 그게 무엇이었는가? 하느님을 받아들이고, 하느님과 함께 새 출발 하려는 인간의 결단이었다.

니느웨 사람들의 새 출발이 하느님을 움직여, 당신 사랑의 가장 깊고 궁극적인 것을 베푸시게 했다. 달리 말해: 새 출발을 결단한 죄인은 하느님의 가장 사랑스런 자녀고, 용서는 하느님이 제일 좋아하시는 일이다.

악이 아니라 선이 우리를 살린다

> 하느님께서는 그들이 악한 길에서
> 돌아서는 모습을 보셨다.
>
> 요나 3,10

세상 만사의 시작은 겨자씨처럼 미미하지만, 나중에는 애당초 상상할 수 없었던 것이 거기서 자란다. 쇠렌 키에르케고르Søren Kierkegaard도 한때 그런 생각을 했다.

키에르케고르의 「교화적 강화」는 지나치게 젊은 취향으로 씌어졌다고 여길 만하다. 모르긴 해도 나이 들어 젊음을 유지하는 유일한 방법이 아니겠는가. 키에르케고르는, 사람은 누구나 인생길에서 두 길동무를 만난다고 한다. 한 동무는 앞에서, 다른 동무는 뒤에서 외친다. 우리한테 하는 말은 다르지만, 결코 우리를 헷갈리게 하지 않는다. 그것이 이 둘의 특징이기도 하다: 이들은 서로 싸우지 않으며, 늘 한목소리로 충고한다. "한 동무는 앞에서 선을 행하라 외치고, 다른 동무는 뒤에서 악을 피하라 외치기" 때문이다.

성서를 뒤적이면 비슷한 말이 나온다. 예언자 아모스는 군중들에게 예언했다. "살고 싶으냐? 악을 버리고 선을 행하여라"(아모 5,14).

저 철학자의 말도 이 예언자의 신념도 같은 경험에서 나왔다: 우리를 살게 하는 것은 악이 아니라 선이다. 니느웨 사람들이 악행을 끊은 것도 바로 이런 생각에서가 아니었던가? 요나 3장 10절은 "하느님께서는 그들이 악한 길에서 돌아서는 모습을 보셨다"고 전한다.

무엇보다 이 말을 해야겠다: 내적 고요도, 그래서 고향도 주지 못하는 것이 악의 본질이다. 악은 우리를 이리저리 휘두르며 정처 없이 방황하게 한다. 막심 고리키의 희곡 「밤주막」에서, 스물여덟 살의 바스카 페펠은 이런 말을 한다. "나는 양심을 믿지 않는다. … 그러나 한 가지는 느낀다: 다르게 살아야 한다는 것! 더 잘 살아야 한다는 것! 나 자신에게 주의를 기울여야 한다는 것! … 나는 어렵게 산다. 한 마리 늑대처럼, 기쁨도 없이, 쫓기듯. … 내 손이 닿는 곳마다 썩어 가는 듯. … 아무것도 나를 붙들어 주지 않는다." 비틀거리듯, 꿈꾸듯, 악은 몽롱한 환상의 세계로 우리를 인도한다. 악은 우리를 나약하게 하고 감각과 생각을 흐려 놓는다. 악은 정신을 무디게 하고 힘을 파괴한다. 악은 마비시키고 삶의 의욕을 앗아 간다. 니느웨 사람들이 그랬듯이 사람들은 공격적이 되어 악에서 벗어나려 한다. 그래서 키에르케고르는 묻는다. "악령처럼, 악은 자신과 일치하지 못하고 분열되어 있지 않은가?"

밀라노의 수사학 교수 아우구스티누스를 생각해 보자. 강의하러 가는 길에 골목에서 얼큰히 취한 걸인을 만난 이야기가 그의 『고백록』에 나온다. 이 걱정 없는 걸인은 기분이 좋아 농지거리를 늘어놓았다. 아우구스티누스는 자문했다: 누가 더 행복한가, 얼큰한 걸인인가, 내적으로 분열된 교수인가. 그리고 스스로 답했다: 무엇에 기뻐하는지는 사람마다 확실히 다르다. 하지만 우리 중 더 행복한 사람이 저 걸인인 건 의심할 여지가 없다. 나는 허황한 것을 추구했을 뿐인데, 그는 사람들의 안녕을 위해 술을 마셨다. 그는 기쁜데 나는 두렵다. 그에게는 걱정이 없지만, 내 마음은 불안으로 가득하다. 내 의지는 전도되어 갖은 욕망이 꿈틀거렸다. 나는 욕망에 복종했고 그것이 이제는 습관이 되었다. 나는 습관에 저항하지 않았고 그것이 이제는 당연지사가 되었다. 이처럼 얽힌 고리는 사슬로 휘감아 나를 망가뜨렸다. 나는 내게서 벗어나고 싶었다. 하지만 어찌 날 좇지 않을 수 있겠는가? 나는 그렇게 살았다. 이것이 삶이었던가?

이를 실감하는 사람만이, "주님 안에 쉬기까지는 저희 마음이 찹찹하지 않삽나이다"라는 아우구스티누스의 말을 이해할 수 있을 것이다. 숱한 위대한 성인들이

고통을 감수하면서 악과 결별하고 선의 총화인 하느님께 향하는 것은 바로 이런 체험 때문이다. 이들은 모두 명백한 하나의 결론에 도달했다: 악은 참된 것일 수 없다! 이것이 바로 선에 이르는 길은 세 가지가 있다는 말의 배경이다. "첫째, 사색의 길: 가장 우아하다. 둘째, 모방의 길: 가장 쉽다. 셋째, 체험의 길: 가장 괴롭다"(孔子). 악은 애초의 약속을 지키지 않는다. 거기서 오는 실망이 무엇보다 괴롭다. 악은 우리를 철저히 고립시킨다. "우리와 무슨 상관이오? 그건 당신 일이오"(마태 27,4).

"주님 안에 쉬기까지는 저희 마음이 찹찹하지 않삽나이다." 우리는 선해야만 살 수 있다. 선해야만 평온하다. 에디트 슈타인은 베스터보르크 강제수용소의 아수라장 속에서도 이렇게 썼다. "멋지게 기도할 수 있었어요!" 얼마나 평온한가.

간과하지 말 것: 선은 선을 추구하고 행하는 사람에게 보답한다. 선은 상처를 치유해 준다. 선은 부서진 것들을 다시 합친다. 선은 난제를 해소한다. 선은 우리의 힘을 결집하여 강하게 만든다. 선은 방황을 종식시켜 시간을 벌게 한다. 이로써 삶이 올곧아진다. 선은 우리를 감싼 하느님의 신비에 눈뜨게 한다.

"선에의 결단과 그것을 유지하려는 의지"가 얼마나 중요한지 이제 다소 이해될 것이다. "결단이 모든 것을 결정하기 때문이다"(Søren Kierkegaard). 이는 행동하는 사람에게나 고통받는 사람에게나 마찬가지다. 고통받는 사람도 선한 결단을 내릴 수 있기 때문이다. "선에의 결단과 그것을 유지하려는 의지"란 무엇인가? 이는 선의 집합체인 하느님을 위해 모든 것을 행하거나 고통받으려는 의지를 뜻한다.

선의지뿐 아니라 악에 대한 충동도 대개는 전격적임을 잊지 말아야 한다. 그러기에 선을 결단하여 받아들이는 것도 '즉각적', 악을 거역하는 것도 '즉각적'이어야 한다. 이런 '즉각적'인 태도만이 모든 악을 물리치고 변덕과 갈등을 극복하는 데 도움이 된다. 이런 태도는 예수에게서 두드러진다. 그분은 선하다 판명되면 바로 행했다. 제자들을 불렀다면 즉각, 지체 없이 따르기를 원했다. 예수께 이렇게 말한 젊은이가 있었다. "주님, 먼저 제 아버지 장사를 치르고 오도록 허락해 주십시오." 예수께서 대답하셨다. "당신은 나를 따르고, 죽은 이 장사는 죽은 이들이 치르도록 내버려 두시오!"(마태 8,21-22). 즉각적 태도는 예수 제자의 표식이다.

니느웨 사람들도 그리할 수 있었다. 즉시 악을 뿌리치고 선을 행했다. 어떻게 그렇게 단호할 수 있었던가? 하느님의 부르심 안에 현존하는 힘으로만 설명될 수 있다. 그것만이 인간을 악에 얽힌 익숙한 삶에서 헤어나 새 세계로 들게 한다. 그것도 즉각적으로.

창조 사화는 이렇게 끝난다. "하느님께서 보시니 손수 만드신 모든 것이 참 좋았다"(창세 1,31). 우리에게는 이런 의미다:

- 하루의 계획을 세워라! 하느님도 매일 무엇을 해야 할지 알고 계셨다.
- 날마다 위대한 일을 할 수는 없다. 그러나 항상 선한 일은 할 수 있다. 아침에 눈뜰 때마다, 그날 하루 적어도 한 사람에게 한 가지 기쁨은 줄 수 있는지 자문해 보라.
- 만사를 기꺼이 행하라. '기꺼이'는 변화무쌍한 단어다. 이 말은 빛처럼 우리 행동을 환히 비춘다.

"악한 길에서 돌아섰던"(요나 3,10) 니느웨 사람들은 비로소 살기 시작했다. 누가 삶을 제대로 알겠는가? 선을 추구하는 사람이다. 누군가를 말할 때, "그 사람은 선을 추구했다"라는 말보다 더 멋진 말이 어딨겠는가?

· IV ·

하느님은 우리를 가르치신다

좁은 마음에 갇힌 예언자

요나는 이 일이 매우 언짢아서 화가 났다.
그래서 그는 주님께 기도했다.
"아, 주님! 제가 고향에 있을 때에 이미 일이
이렇게 되리라고 말씀드리지 않았습니까?
그래서 저는 서둘러 다르싯으로 달아났습니다.
저는 당신께서 자비롭고 너그러우신 하느님이시며,
분노에 더디시고 자애가 크시며, 벌하시다가도
쉬이 마음을 돌리시는 분이시라는 것을
알고 있었기 때문입니다.
이제 주님, 제발 저의 목숨을 거두어 주십시오.
이렇게 사느니 죽는 것이 낫겠습니다."
주님께서 "네가 화를 내는 것이 옳으냐?" 하고
말씀하셨다.
요나는 그 성읍에서 나와 성읍 동쪽에 가서
자리를 잡았다.
거기에 초막을 짓고 그 그늘 아래 앉아,
성읍에 무슨 일이 일어나는지
보려고 했다.

요나 4,1-5

유대인의 지혜로운 이야기 한 자락: 롭쉬츠의 한적한 교외에 사는 부자들은 재산을 지킬 야간 경비를 고용했다. 나프탈리 랍비가 어느 늦은 저녁에 교외를 지나가다가 경비를 만나게 되었다. 랍비가 경비에게 물었다. "누구를 위해 사는가?" 경비가 되물었다. "랍비여, 당신은 누구를 위해 사십니까?" 이 물음은 랍비에게 화살처럼 꽂혔다. 랍비는 경비 곁을 말없이 따라 걷다가 힘겹게 대답했다. "아직 누구를 위해 살아본 적 없네." 마침내 랍비가 경비에게 물었다. "내 밑에서 일하겠는가?" "물론이죠. 그런데 무슨 일을 할까요?" "그저 나 자신을 상기시켜 주기만 하게." 랍비의 대답이었다.

이 이야기는 삶의 의미를 밝힌다. 우리 인간에게는 헌신할 대상이 필요하다. 그를 위해 걷고, 일하고, 노력하고, 희생할 대상이 있어야 한다. 그렇지 않으면 우리는 자신을 넘어서지 못한다. 삶은 방향을 잃는다. 멈춰 선다. 삶이 무의미하다는 야릇한 느낌만 우리 안에 팽배한다.

다시 요나를 보자. 요나에게는 편협한 자아가 문제였다. 아집에 빠진 작고 좁은 마음이 문제였다. 그래서 요나를 보면, 아집에 빠진 사람의 특징들이 제법 분명히 드러난다.

아집에 빠진 사람은 증오와 복수심에 가득 차 있다. 악을 악으로 갚는다. 그러나 하느님의 의도는 악을 선으로 이겨내는 데 있다. 이는 요나의 생각과 절대로 맞아떨어지지 않는다. 슈테판 안드레스Stefan Andres의 소설 『물고기 뱃속의 남자』*Der Mann im Fisch* 가운데 한 대목은 여기 옮길 만하다.

"요나는 말을 타고 도시가 한눈에 내려다보이는 산마루에 올랐다. 저 아래 강물이 도시의 은목걸이처럼 반짝였다. 그래, 하느님의 손은 이미 굽었는데 뭘 더 기다리는가? 사십 일이라는 말미가 왜 필요하단 말인가? 어쩌다 그 '사십 일'을 자기 훈계에 포함시켰을까? 요나는 얼마나 더 산마루에서 견뎌야 할지 계산했다. 그저 순전한 우연으로 이 사십 일이 자신의 훈계에 포함되었을 뿐이라 생각하니 점점 화가 치밀었다. 또한 그는 하느님이 당신 예언자의 말을 그런 식으로 지키는 데 너무 집착한다고 생각했다."

"사십 일 후, 니느웨는 무너진다"는 요나의 예언은 실현되지 않았다. 자비로운 하느님의 이타적 사랑은 요나의 이기적 사랑에 대립된다. 하느님의 자비는, 요나가 하느님에 대해 상상했던 것과는 완전히 모순된다. 그러기에 요나는 하느님께 실망했고, 예언자로서의 명예에 상처를 입었다. 하느님을 외면하는 사람에게 요나는 저주의 예언자여야 했다. 그러나 그의 설교가 원하지 않았던 성공을 거두는 바람에 요나는 구원의 예언자가 되어 버렸다. 요나는 다시 위기에 빠진다.

여기서 우리는 나약한 자아를 본다. 아집에 빠진 사람의 특성이다. 요나도 지기 싫어한다. 비난받고 모욕당하는 것을 참지 못한다. 지면, 체면을 잃는 것 같다. 그래서 가장 끔찍한 방법으로 저항한다. 하느님께 자신의 생명을 거두어 달라고 청하는 것이다. 이렇게 죽음으로 도피함으로써 만사를 끝장낼 수 있으리라고 믿는다. 성서에는 이런 일이 흔하다. 어디 성서뿐이랴.

자신의 약점을 인정하기를 겁내는 사람은 대개 독선적이다. 자아가 나약할수록, 타인에게 자기 주장을 일삼고 제 입장을 관철시키고 자신의 정당성을 내세우려 하기 때문이다. 독선적인 사람은 곧바로 자기현시욕·권력욕에 사로잡힌 '전제군주'의 축소판으로 발전한다. 매사 자기 뜻대로 되어야 하고 자기 주장은 끝까지 관철되어야 한다. 그렇게 되지 않으면 '판을 엎어 버린다'. 요나는 자기 예상대로 되지 않은 그런 하느님과 더는 관계하고 싶지 않았다. 이제 하느님과는 끝났다.

요나는 의식하든 않든 본디 그런 사람이었다. 하느님을 늘 편협한 생각의 감옥 속에 가둬 두었기 때문이다. 그가 이런 하느님의 표상을 더 이상 감당할 수 없다는 것을 알았을 때, 한편으로는 공격적으로 변했고, 다른 한편으로는 의기소침해졌다. 공격성과 우울, 독선과 절망은 요나에게만이 아니라 일반적으로도 깊은 관련을 맺고 있다. 이는 요나의 정서 불안을 암시한다. 요나의 이른바 '정통신앙'과, 징벌과 보복의 정의에 대한 그의 주장은 독선의 다른 표현에 불과하다는 것이 여기서 분명히 드러난다.

요나 4장의 기도(요나 4,2 이하 참조)도 독선적 반항에 다름 아니다. 이런 특이행동의 근원을 추적하다 보면, 낙원 이야기까지 거슬러 올라가게 된다. 인간이 선악과를 따먹은 이래, 인간은 무엇이 선이고 무엇이 악인지 하느님보다 더 잘 안다고 믿기 때문이다. 하느님은, 모름지기 인간이 생각하는 대로 행동해야 한다. 그렇지 않으면 인간은 하느님에게 화를 낸다. 요나가 보여 주는 이런 분노는 삶의 기쁨을 잃어버릴 지경까지 치닫는다.

소위 '성실하고 경건한 사람'은 요나 말고도 복음에 자주 등장한다. 「잃었던 아들 비유」에 나오는 큰아들이 바로 그렇다. 아버지를 위해 집에서 착실하게 일한 큰아들은 어느 날 아버지가 돌아온 '백수' 작은아들을 위해 살진 송아지를 잡는 것을 보게 된다. 이 비유(루가 15,11-32 참조)는 죄인과 세리를 가까이하시는 예수를 바리사이들이 비난할 때 그들에게 들려주신 것이다.

경건함에는 하느님이 악인에게는 자비를 베풀지 마시기를 바라는 위험이 늘 도사리고 있다. 요나는 이방인에게 하느님의 은총과 자비를 베풀지 않는다. 니느웨 사람들의 구원을 기뻐하지 않았다. 오히려 냉소적이었다. 요나는 첸타 마우리나Zenta Maurina의 확신을 입증한다. "인간의 독창력은 위대하다. 하지만 이웃의 몰락을 바랄 때보다 그 능력이 더 크게 발휘되는 경우는 없다." 도스토예프스키도 비슷한 말을 했다. "모든 불행에는 항상 남의 눈을 즐겁게 하는 뭔가가 있다. 누구든 다 그렇다." 남의 불행을 즐기는 마음이 우리 모두에게 있다는 것이다. 이런 고약한 마음으로 우리는 남을 '위에서' 내려다보고 멸시한다. 멸시는 '강생하신 하느님'께서 딱부러지게 말씀하신 가장 큰 악에 속한다.

이것이 소아小我에 얽매인 요나의 모습이다. 겉으로는 강해 보이지만 안으로는 무력하기 짝이 없다. 무엇보다 자기 입장만 생각하고, 거기 소심하게 집착한다. 물론 누구에게나 소아와 더불어 대아大我도 있다. 대아는 자신만 추구하지 않는다. 소유하기보다는 베풀려 하고, 지배하기보다는 봉사하려 한다. 대아를 더욱 강하게 만드는 것은 폭력이 아니라 온유함이다.

로마노 과르디니의 글에는 두 자아를 나름대로 설명하는 대목이 나온다. "자신을 덜 생각할수록 더 온전한 자신이 된다는 것은 삶의 심오한 패러독스다. 자세히 말하면: 우리 안에는 그릇된 자아와 참된 자아가 있다. '내가', '내게', '나를'만 우겨대는 자아는 그릇되다. 그것은 매사에 자신의 정당성과 이익만을 챙기며, 즐기고 관철시키고 다스리려 한다. 이런 자아는 본연의 자아, 개인의 진실을 은폐한다. 이 그릇된 자아가 사라질수록 참된 자아는 자유로워진다. 마음을 비우고 자신에게서 멀어질수록 참된 자아에 더 가까워진다. 참된 자아는 자신을 주시하지 않지만, 늘 거기 있다. 이 자아는 자유와 열려 있음, 내적 불멸을 의식하면서 자신을 체험한다. 인간이 그릇된 자아를 버리고 본래적 자아에 접근하는 길을 영적 스승들은 '분리'라 불렀다. 성인은 그릇된 자아가 완전히 극복되고 참된 자아가 자유로운 사람이다. 자신을 내세우지 않는다. 그냥 거기 있을 뿐이다. 애쓰지 않아도 힘이 넘친다. 욕망도 두려움도 없다. 빛이 난다. 주위 사물들은 참되고 질서정연해진다. 본질적으로: 하느님께 온전히 열려 있다. 하느님 앞에서 투명하다. 그는 '문'이라, 그를 통해 하느님의 권능이 세상에 들어온다."

그대는 누구를 위해 사는가? 그대는 누구를 섬기며 사는가? 소아인가 대아인가? 우리 삶을 얼마나 잘 설명해주는 물음인지! 랍비는 경비에게 물었다. "내 밑에서 일하겠는가?" 경비가 뭘 해야 할지 되물으니 랍비가 대답한다. "그저 나 자신을 상기시켜 주기만 하게." 랍비는 왜 그런 생각을 했을까? 우리가 너무 쉽게 소아에 빠져 버릴 수 있다는 생각이 뇌리를 스쳤던 것일까?

요나는 가장 무서운 적이 자기 자신이라는 걸 모른다

> 요나는 이 일이 매우 언짢아서 화가 났다. …
> 주님께서 "네가 화를 내는 것이 옳으냐?"
> 하고 말씀하셨다.
>
> 요나 4,1.4

요나서에 심취해 있을 즈음, 나는 라디오에서 한 젊은이의 이야기를 듣게 되었다. 정확하고 완벽하기만 한 아버지 때문에 늘 괴로웠단다. 심적 부담이 나날이 더해 갔다. 벗어나고 싶어서 시계를 보이는 족족 박살내 버린 적도 있었다. 지금도 아버지한테는 말 붙일 엄두가 안 난다. 심리치료사는 편지라도 써 보는 게 어떻겠냐고 했다. 그래서 이렇게 썼다:

"아버지께서는 아직 환갑도 채 되지 않으셨지만, 제 눈에는 한없이 늙어 보이십니다. 저보다 서른 살, 아니 오백 살이나 더 드신 듯 느껴지니까요. 스물한 살 이후 아버지는 늘 제자리걸음이었습니다. 삶도 사랑도 없었습니다. 사람들이 판사이신 아버지를 청백리라 부르니

자랑스러우시지요. 아버지의 재판과 판결이 정확하고 공정하니 그것도 자랑스러우시지요. 아버지가 어떤 분이신지는 아버지께서 잘 쓰시는 단어가 말해 줍니다. '나무랄 데 없이, 이의 없이, 정확하게, 옳게, 오류 없이' 등이 그것이지요. 그런데 '오류 없이'라는 단어를 자신에게는 적용하지 않으시니 그저 놀라울 뿐입니다. 그 말은 아버지께 적용되어야 합니다. 아버지께서는 독선적이십니다. 자신과 자신의 행위와 생각을 스스로는 한 번도 의심해 본 적이 없습니다. 모든 것이 완전무결했습니다. 마치 어떤 잘못을 영구히 씻어 내기라도 하려는 듯, 틈만 나면 손을 씻는 그 행동이 남들 눈에는 얼마나 이상해 보이는지 한번쯤 생각해 보셨습니까?

어머니가 이런 아버지를 어떻게 견디셨는지는 알 길이 없습니다. 아버지께서는 어머니를 당신 마음대로 하셨습니다. 어머니는 끊임없이 청소하고 빨래하고 다림질하고 잔디 깎고 낙엽 쓸었습니다. 물론 여기엔 아버지의 손길도 가 닿았겠지요. 제가 지금 이렇게 삐딱해져 있는 게, 아니 휙 돌아 버린 게 스스로도 놀랍습니다. 다행히 아버지께서도 제가 이렇게 돌아 버리는 걸 막을 수 있을 만큼 강하지는 못하셨습니다. 제가 삶의 계획을 세우려 하지 않는 것은 일단 제 자유입니다. 예측불능의 게임에 삶을 맡겨 보고 싶습니다. 삶을 계획적으로 짐지고 싶지 않습니다. 우선은 삶이 자연스럽게 이루어지도록 놔두고 싶습니다. 자유를 위해서는 시계부터 박살내야 했습니다."

"저보다 서른 살, 아니 오백 살이나 더 드신 듯 느껴지니까요!" 당시 요나는 몇 살이었던가? 적어도 제 나이보다는 훨씬 더 들어 보였을 것이다. 모든 형태의 자기합리화, 자기만족, 자기중심주의는 마음의 에너지를 현격히 소진시키기 때문이다. 이것이 아마 요나가 그렇게 자주 삶의 의욕을 상실한 이유였을 것이다. 문학 작품 속의 요나는 매우 늙었다.

그럼 우리는 몇 살인가? 아브라함이 생각난다. 그는 늙어서 고향을 떠났고, 광야를 지나 하느님께서 언약하신 땅으로 갔다. 아브라함은 최상의 것이 늘 우리 앞에 있다는 믿음을 소유한 인물이다. 아브라함은 늙었지만 젊다. 예수에 대해서 이렇게 말하자: 예수는 젊었고, 살아 있는 동안 늘 젊음을 유지했다. 스테파노도 마찬가지였다. 하지만 스테파노를 돌로 쳐 죽인 사람들은? 그들은 젊었어도 아마 끔찍이 늙어 있었을 것이다.

자신의 세계관과 확신, 삶의 습관과 일상에 고착된 사람은 아무리 젊어도 이미 늙었다. 삶에서 특별한 것을 바라지 않고, 변화를 원치 않고, 남을 인정하지 않고, 모험을 감행하지 않고, 삶에서도 죽음에서도 의외성이라고는 모르는 사람, 그런 사람은 아무리 젊어도 이미 늙었다.

현존재 전체에 열려 있는 사람, 나날이 오는 새날과 새날이 자기에게 부여하는 일들을 기뻐하는 사람은 아무리 늙어도 젊다. 늘 경이를 간직하고, 삶과 역사의 흐름에 매력을 느끼며, 만사가 언젠가는 좋은 쪽으로 갈 것이라는 믿음을 잃지 않는 사람은 아무리 늙어도 젊다. 다시 묻자: "우리는 몇 살인가?"

젊은이의 편지를 듣는 동안 또 다른 질문이 떠올랐다. 요나의 아버지에 대해서는 어떤 이야기를 할 수 있을까? 그의 이름은 "아미때"였는데, 이는 '성실, 충직'이라는 뜻이다. "요나는 아버지 아미때 같은 하느님, 언약하신 바를 반드시 지키며 그 일관성을 유지하는 충직하신 주님을 원했다"(Elisabeth Moltmann-Wendel). 하지만 하느님이 당신 사람들만 사랑하시는 것이 아니라 니느웨 죄인들에게까지 관대하고 자비롭고 선하시다는 것을 알았을 때, 요나는 몹시 화가 났다. 회개하고 속죄하는 죄인들이야말로 가장 사랑받는 하느님의 자녀라는 것을 도무지 이해할 수 없었다. 요나는 절대로 마음 바꾸지 않는 하느님, 뜻을 거역하는 인간들은 전부 멸망케 하시는 부동의 하느님을 원했다.

가정에서 요나는 진심 어린 사랑을 받아본 적이 없었다. 그가 받은 사랑은 언제나 반듯한 행동에 대한 보상이었다. 그래서 늘 불행했다. 요나는 사랑이 두려웠다. 사랑의 두려움, 이것은 생각보다 흔하다. 친구, 부부,

가족 간에도 드물지 않다. 자기 자신을 잃어버릴지도 모른다는 두려움이다. 사랑하면, 자신을 불확실성에 내맡기기 때문이다.

문제는, 자신을 사랑해야 하는 두려움, 자신을 있는 그대로 받아들여야 하는 두려움이다. 요나는 자신을 사랑할 수 없어 남도 사랑하지 못한다. 요나는 가장 무서운 적이 자신이라는 걸 모른다. 그래서 남들이 적으로 보인다. 요나에게 가장 난폭한 적은 자신이었다. 적은 요나 안에서 분노하고 있었다.

자신을 사랑하면 남을 이해하고 온유하게 대할 힘도 생긴다. 하지만 어떻게 자신을 사랑할까? 자신의 영혼 속으로 들어가지 않고는 불가능하다. 락탄티우스는 말했다. "그들은 먼 이방으로 항해하면서도 자신의 영혼 속으로는 여행하지 않는다." 이 여정에 들어서기 무섭게 제어되지 않은 마음의 갖은 성향과 서로 충돌하는 거친 충동들을 만날 것이다. 이런 의미에서 발터 닉은 『위대한 성인들』*Große Heilige*에서 나름대로 이렇게 확신한다. "모든 문제가 한 사람 안에 다 들어 있다는 것은 참 이해하기 힘든 일이다. 모순들이 얼키고설켜, 당사자는 어떤 대극對極들이 자신 속에 숨어 있는지, 어떤 자기기만 때문에 방황하고 있는지, 어떤 돌파구를 열 수 있을지 모를 때가 많다."

충동을 다스린다는 것은, 그 충동에 하늘의 빛을 비

추어 책임을 진다는 것을 뜻한다. 이는 충동을 하느님 뜻에 맡긴다는 뜻이다. 이런 식으로 우리는 충동을 인간 존재 전체 속에 통합한다. 이것이 이루어지면 충동의 위협은 사라진다. 우리는 자신과 하나 되어 고요와 평화를 체험한다. 자신에 대한 깊은 존경과 사랑을 느낀다. 마침내 남에 대해서도 그러하다. 이런 맥락에서 오이겐 드레버만Eugen Drewermann의 말은 주목할 만하다. "이사야서에서처럼, 사자와 양이 함께 뛰노는 것을 보고 싶다면, 인간은 자신과 하나가 되어야 한다. 이 비유의 관건이 외적인 자연과의 일치가 아님은 명백하다. … 인간 자신이 관건이다. 자기 안의 동물적 본성과 화해하느냐 못하느냐가 관건이다. 그 동물들은 인간 영혼의 유일한 상징이다."

니느웨 외곽 녹원에 자리를 잡고 불타는 성읍을 바라보려 했던 요나는, 자신과의 이런 일치에서 얼마나 멀어져 있었던가? 그는 닫혀 있었다. 때문에 이웃들이 바로 곁에 있어도 멀었다. 간과하지 말자: 우리는 멀리 있는 사람과도 한집에서 살 수 있다. 우리를 늙고 구리게 하는 "닫힌 가까움"만 있는 것이 아니다. 로마노 과르디니가 말하는 "열린 가까움"도 있다. 이 가까움은 자신을 사랑하는 데서 출발하는 깊은 사랑의 신비다. 이는 하느님이 우리를 사랑하신다는 믿음에서 비롯된다 ― 지금 이 순간 있는 그대로.

하느님의 사랑을 이긴 죄는 없다

> 그는 주님께 기도했다.
> "아, 주님! 제가 고향에 있을 때에 이미 일이 이렇게 되리라고 말씀드리지 않았습니까? 그래서 저는 서둘러 다르싯으로 달아났습니다. 저는 당신께서 자비롭고 너그러우신 하느님이시며, 분노에 더디시고 자애가 크시며, 벌하시다가도 쉬이 마음을 돌리시는 분이시라는 것을 알고 있었기 때문입니다."
>
> 요나 4,2

한 이슬람 신비가가 제자들에게 물었다. "하느님을 대하는 인간의 올바른 태도는 무엇인가?" 제자들은 한목소리로 대답했다. "하느님을 사랑하는 것입니다." 스승은 고개를 저었다. "너희가 하느님을 사랑한다고 생각하는 건 올바른 태도가 아니다. 하느님을 사랑한다고 생각하는 사람은 아직 억압되어 있다. 그러니 이렇게 말하라. '하느님께서 나를 사랑하신다고 분명히 믿습니다.' 이것이 하느님께 대한 인간의 올바른 태도다."

이 말이 결국 신앙고백의 전부다. 이런 신앙이 모든 것을 변화시키기 때문이다. 왜 그런가? 하느님께 대한 우리의 사랑은 우리를 사랑하시는 하느님의 사랑에 대한 응답으로만 가능하기 때문이다. "저는 하느님을 사랑합니다" 하고 말할 수 있다고 생각하는 사람은 자신을 과대평가하고 있다. 이것은 우리에게 중요한 방향을 제시한다: 인간은 자신의 힘으로는 하느님께 다다를 수 없기 때문에, 하느님을 사랑할 수 있기 위해서는 하느님께서 먼저 우리에게 내려오셔야 한다. 하느님께서는 당신을 인간의 차원과 수준으로 낮추셔야 한다.

선교 여행의 첫 목적지는 언제나 자신의 마음속이어야 한다. 거기서 우리 자신에게 선포해야 할 복음은 이것이다. "어떤 일이 있어도 너는 무한하신 하느님께 사랑받고 있다!" 발터 닉은 말한다. "어떤 상상도 뛰어넘는 하느님의 자비에 대한 믿음은 실로 감정적 이단이 아니라 그리스도교의 가장 핵심적 본질이다."

여기서 하느님 사랑의 신비에 대하여 깨닫는 바: 하느님 사랑은 본질적으로 자비로운 사랑이다. 깊은 어둠에 갇힌 이를 빛으로 인도하시려 끝없이 '아래로 내려오는' 사랑이다. 요나는 이를 특별한 방식으로 체험할 수 있었다. 우리도 그럴 수 있을 것이므로 "하느님께서 저를 사랑하신다고 굳게 믿습니다"라고 말해도 된다.

이로써 우리는 "오직 한 분, 사랑의 하느님만 믿을 수 있습니다"라고 말한 셈이다. 라틴어 '믿습니다'Credo는 '제 마음을 드립니다'라는 뜻이다. 사랑의 인격체 하느님에게만 인간은 주저 없이 마음을 바칠 수 있다. 오직 그분만을 "마음을 다 기울이고 정성을 다 바치고 힘을 다 쏟아"(신명 6,5) 사랑할 수 있다. 공포의 하느님은 아무도 사랑할 수 없다. 하느님을 사랑할 때, 우리는 남이 자기와 달라도 제 몸같이 사랑할 수 있다.

우리 인간에 대한 하느님의 태도는 요나처럼 '위에서 내려다보는' 것이 아니다. 요나는 도시를 산마루에서 내려다보았다. 그는 다른 사람을 낮추보지만, 하느님은 당신 자신을 낮추신다. 얼마나 다른가! 그것은 요나의 '나약함'와 하느님의 '강함' 사이의 차이다. 나약한 존재, 나약한 자아는 자기를 들어 높이기 위하여 남을 깎아내린다. 그렇지 않으면 화가 치민다. 반면 강한 존재는 약자를 받들어 올리려고 자신을 낮춘다.

폴 클로델Paul Claudel은 하느님의 이런 사랑을 놀라운 방식으로 체험했다. 1886년 12월 25일 이른 새벽, 하느님을 믿지 않았던 이 젊은 시인은 노트르담 대성당 성탄 대미사에 참여하기 위해 파리로 왔다. 그것은 교회의 성탄전례가 자신의 저술활동에 적절한 자극제가 되고 데카당스를 몸에 익히는 데 몇 가지 소재를 제공해 줄 거라고 생각했기 때문이다. "이 생각으로 나는 성탄미사 자체에 의미를 두지 않은 채 인파에 휩쓸려 대미사에 참여했다." 달리 할 일이 없었던 그는, 저녁 기도를 바치는 늦은 오후에 다시 그곳을 찾아 성가대 두 번째 기둥 옆에서 인파에 몸을 묻었다. 소년합창단이 「마니피캇」을 노래했다. 시인의 온 생애를 결정하는 뜻밖의 일이 일어난 것은 바로 그때였다. 그날의 예기치 못했던 일을 클로델은 이렇게 묘사한다.

"순간 내 마음은 깊은 감동에 떨었고, 나는 믿었다. 그 믿음에는 강렬한 내적 동의가 있었다. 나의 전 존재가 고양되었다. 나의 믿음은 너무도 강하고 흔들림 없이 확실하여, 추호의 의심도 깃들 여지가 없었다. 그날부터는 어떤 책도, 현명한 언설도, 삶의 우연도 나의 믿음을 뒤흔들기는커녕 건드릴 수조차 없었다. … 절망에 빠진 가련한 자녀의 마음을 흔들어 당신께 다가가게 하는 데 하느님의 섭리가 사용하는 무기는 단 한 번의 깨달음이다: 참으로 하나인 믿음을 지닌 사람은 얼마나 행복할까! 과연 이것이 참이라면? 그래, 그것은 진리다! 하느님은 존재하신다. 그분이 계시어 … 나를 사랑하신다. 나를 부르신다!"

이 이야기는 인간이 과연 무엇인지를 돌아보게 한다. 클로델의 체험에 터하여 이렇게 말할 수 있다: 인간은 언제 어느 때라도 하느님께 붙잡혀 가장 깊은 내면까지 뒤흔들릴 수 있는 존재다. 이를 매일 의식하며 염두에두는 것이 좋다. 그러면 교만에서 우리를 보호할 수 있다. 교만은 사소한 자극에도 허물어진다. 우리는 소박하고 겸손해야 하며, 진리와 함께해야 한다. 겸손이란 하느님 안에서 자신을 아는 것이기 때문이다. 이런 깨달음은 모욕을 견딜 힘을 준다.

니느웨 사람들도 클로델도 하느님이 분노에 더디시고 자애가 크시며, 자비롭고 너그러우신 분(요나 4,2 참조)임을 체험했다. 이들은 온 마음으로 하느님을 만났다. 그래서 크게 놀랐다. 놀람, 그것은 인간이 하느님에게 깊이 감동되었다는 뜻이다. 그 하느님은 인간이 자기 목적대로 다룰 양으로 멋대로 상상하던 그런 하느님과는 전혀 달랐다. 이런 놀람 없이는 어떤 삶도 현존재의 심연에까지 이르지 못한다.

「잃었던 아들 비유」(루가 15,11-32 참조)는 자비로운 하느님의 사랑을 가장 강렬하게 전하는 성서의 증언일 것이다. 요나 이야기를 들으면 늘 이 비유가 생각난다.

임종을 앞둔 도스토예프스키는 자식들을 불러 앉히고 아내에게 이 비유를 읽어 달라고 했다. 그는 눈을 감고 깊은 명상에 잠긴 채 이 말씀을 들은 다음, 자식들에게 말했다. "애들아, 방금 들은 것을 절대로 잊지 마라. 하느님을 무조건 신뢰하여라. 그분의 자비를 결코 의심하지 마라. 나는 너희를 사랑하지만, 내 사랑은 하느님의 무한한 사랑에 비하면 아무것도 아니다. 하느님은 당신께서 창조하신 모든 사람을 사랑하신다."

스토리를 이끌어 가는 건 잃었던 아들이지만, 이 비유의 주인공은 잃었던 아들이 아니라 사랑하는 아버지다. 아들은 멀리 집 떠난다. 되도록 아버지에게서 멀어지고 싶어서다. 그는 차츰 몰락하여 나락의 벼랑 끝에 선다. 그런데 왜 추락하지 않았는가? 왜 멀리 계신 아버지께 다시 돌아가 죄를 고백하기로 결심했는가? 떠나기 전에 이미 아버지의 사랑을 맛보았기 때문이다. 제 몰골을 보자 아버지의 사랑이 새삼 되살아났고, 아버지와의 대화가 그리웠다. 그는 절망하지 않았다. 말도 꺼내기도 전에 아버지는 사랑의 입맞춤을 한다. 아버지의 사랑을 멀리했어도, 아버지의 사랑은 그를 버리지 않았다. 그 사랑은 먼 길을 쫓아왔고, 결국 그를 다시 데려왔다. '하느님의 뒤쫓으심'은 그런 것이다.

요아힘 그닐카Joachim Gnilka는 큰아들의 태도를 한마디로 특징짓는다. "큰아들이 아버지께 등 돌린 것은 덜 극적이지만 더 불운해 보인다. 그는 분해서 아버지 집에도 안 들어가고 밖에 있다. 같은 장면이 반복된다. 아버지는 밖으로 나와 큰아들에게 사랑으로 결정한 당신의 행동을 설명한다." 깊은 내면까지 희생한 아버지의 겸허한 청도 큰아들에게는 통하지 않은 듯하다.

여기서 속수무책 아버지 사랑과 고집불통 큰아들이 맞서고 있다. 큰아들은 아버지 집에 들어가지 않는다.

동생을 인정하기도 싫고 "동생"이라고 부르기도 싫어서다. 요나도 그랬다. 요나도 니느웨 사람들을 형제자매로 여기지 않았다. 큰아들과 요나에게 무자비한 부동의 법질서보다 더 중요한 것은 없었다. 요나 이야기의 하느님처럼, 「잃었던 아들 비유」의 아버지도 법과 정의의 범주를 초월해 있다. 아버지의 태도를 결정하는 것은 아들이 죄를 뉘우치고 돌아올 때 자신을 압도하는 무한한 기쁨이다. 법과 질서와 정의밖에 모르는 사람이 하느님을 제대로 이해할 리 없다.

이런 말들이 사실이기에는 너무 아름답다는 생각이 들지도 모르겠다. 어쩌면 윤리 도덕의 존립 자체가 우려될지도 모르겠다. 하느님이 그런 식으로 사랑하신다면, 도덕적 삶도 진지성을 잃고, 복음이 그토록 강조하는 회개도 의미 없어지는 것이 아닐까? 이런 반문은, 인간의 도덕적 삶과 진정한 회개를 가능케 하는 것이 바로 하느님의 가없는 자비라는 사실을 간과하고 있다. 회개란, 인간이 자기 길을 버리고 하느님의 길에 들기를 결단함으로써 새로운 삶으로 변화하는 것을 뜻한다. 무엇이 인간을 진정으로 변화시키는가? 징벌이나 멸망에 대한 공포는 분명 아닐 것이다. "사랑할 때만, 자기를 사랑하고 자기를 온전히 받아들이는 누군가가 있음을 느낄 때만, 인간은 속속들이 변화되고 진정으로 회개할 수 있다"(Gerhard Lohfink).

이는 도스토예프스키가 『카라마조프 형제들』에서 늙은 스타레츠의 입을 빌려 한 말과 일치한다. "두려워 말게. 그대 영혼도 불안해할 것 없네. … 인간은 하느님의 끝없는 사랑을 소진시킬 만큼 큰 죄를 지을 수 없다네. 그대는 하느님 사랑을 이길 만큼 큰 죄가 있을 수 있다고 믿는가? 하느님께서는 그대가 상상할 수 없을 만큼 그대를 사랑하신다는 것을 믿게. 하느님은 죄 중의 그대를, 아니 그대의 죄까지도 사랑하시네."

훗날 교황 요한 바오로 1세가 된 알비노 루치아니의 피정지도서 『사마리아인의 모범』에 나오는 다음 구절은 이 말에 대한 훌륭한 해석이다. "유다는 은전 서른 냥에 스승 예수를 배반하는 끔찍한 죄를 지었습니다. 하지만 더 끔찍한 것은, '내 죄가 너무 크다. 나는 저주받았다'라고 생각했다는 점입니다. 그렇지 않습니다. 죄가 아무리 커도, 하느님의 무한한 자비는 언제나 그 죄를 덮어 줍니다. 죄는 유한하고 일정 영역에만 해당됩니다. 그러나 하느님의 자비는 무한하여 어떤 죄도 감싸 줍니다." 이런 가없는 자비를 가장 밝게 드러내기 위해 요나서 저자는 예언자의 이기심과 편협함, 반항심과 복수심을 가장 어두운 색채로 묘사한다.

작자 미상의 어느 문헌에서 하느님은 만인에게 말씀하신다. "나는 그대의 고난을 안다. 그대 영혼의 투쟁과 혼란을 알고 그대 육신의 나약함과 질병을 안다. 나는 그대의 비겁과 무기력을 안다. 그래서 말하노니: 그대 마음을 내게 맡겨라. 그대 모습 그대로 나를 사랑하라. 원치 않은 잘못에 빠질지라도, 그대 모습 그대로 나를 사랑하라. 그대 처한 매순간, 냉정과 열정, 충실과 불충, 어떤 처지에서든 나를 사랑하라. 그대가 완전해지기를 기다려 날 사랑하겠노라 한다면, 그대는 영영 날 사랑할 수 없을 것이다. 나는 그대의 나약함까지 사랑한다. 그대의 지식과 재능이 내게 무슨 소용인가? 나는 그대의 덕을 바라지 않는다. 그대가 많은 덕을 쌓았다면, 자기애도 함께 있을 것인즉. 주님인 나는 걸인처럼 그대 마음 앞에서 기다린다. 그대의 의심과 부족한 믿음만이 내게는 상처일 뿐. 그러니 명심하라: 그대 모습 그대로 나를 사랑할 것!"

하느님은 결코 낙담하지 않으신다

> 주님께서 이렇게 말씀하셨다.
> "네가 수고하지도 않고 키우지도 않았으며,
> 하룻밤 사이에 자랐다가 하룻밤 사이에 죽어 버린
> 이 아주까리를 너는 그토록 가엾이 여기는구나!
> 그런데 하물며 오른쪽과 왼쪽을
> 가릴 줄도 모르는 사람이 십이만 명이나 있고,
> 또 수많은 짐승이 있는 이 커다란 성읍 니느웨를
> 내가 어찌 가엾이 여기지 않을 수 있겠느냐?"
>
> 요나 4,10-11

언젠가 프랑스의 시인이자 작가인 프랑수아 모리악이 한 신학생에게 짧은 편지를 썼는데, 우리에게도 유익하니 여기 되새겨 봄 직하다. 내용인즉: "죄가 하느님과의 관계를 단절시킨다는 확신을 주려는 가톨릭 교육은 명백한 오류입니다. 절대 그렇지 않습니다. 결코 우리를 떠나지 않는 하느님의 눈길을 떼어 놓을 수 있는 일은 아무것도 없습니다. 우리가 하기에 따라 하느님이

다소 슬픈 눈길을 보낼 수는 있을 겁니다. 하느님과 인간이 엮는 이 드라마에서 인간 혼자 대화를 단절시킬 수는 없는 겁니다: 인간이 하느님을 포기해도, 하느님은 인간을 절대 포기하시지 않습니다. …"

프랑스 시인의 이 말은 적잖이 위로가 되는 바, 그 진정성은 요나 이야기에서도 확인할 수 있다. 우리 인간을 향한 하느님의 지칠 줄 모르는 사랑을 구체적으로 보여 주려는 것이 바로 요나 이야기이기 때문이다. 하느님이 인간의 나약함이나 죄 따위로 낙담하시는 분이 아니라는 것을 요나 이야기는 늘 새로운 비유를 통해 보여 준다. 그분은 당신을 모르는 사람들도 외면하지 않으신다. 이 메시지는 요나 이야기는 물론, 우리 인생사를 관통하는 핵심이다.

요나 이야기 마지막 부분은, 하느님의 자비가 아집에 빠진 예언자의 마음을 돌리기 위해 얼마나 애쓰는지 보여 준다. 요나는 하느님께 등 돌린 당시 니느웨 사람들에게도 사랑을 베푸시는 하느님께 항거하며 강력한 이의를 제기하지만, 하느님은 요나와의 대화를 중단하지 않으신다. 하느님은 감정이 격해진 사람과 말 섞는 것이 얼마나 어려운지를 잘 아셨으므로, 그 화난 예언자를 각별히 차분하게 대하신다. 하느님은 우리에게도 그런 태도로 말씀하신다. "예상치 못한 부적절한 반응에는 늘 차분히 대처하여라."

하지만 그런 상황에서 어떻게 평온을 유지할 것인가? 하느님이 어떻게 요나와 말씀을 나누시는지를 보면 알 수 있다. 하느님께서는 요나가 스스로를 반성할 수 있도록 다정다감하게 적어도 세 번은 물으신다. 파산한 요나가 아닌, 새로운 요나를 원하시기 때문이다. 까다로운 사람 대하는 법을 하느님에게서 많이 배운다.

사랑이 원칙보다 중요하며, 관용과 용서가 독선보다 값지다는 사실을 당신의 예언자에게 확신시키는 일이 하느님에게는 무엇보다 절실했다. "그렇다고 오해하지 말 것: 올바른 원칙이 가치롭다는 것을 모르는 사람은 없다. 진리가 중요하지 않고, 진리에 목숨 걸 일 따위는 없다고 말해서도 안 된다. 살아도 진리를 위해 살고 죽어도 진리를 위해 죽어야겠지만, 진리의 이름으로 타인의 죽음을 강요하지는 마라! 진리를 위해 지불해야 할 대가로 사람 목숨은 너무 비싸다. 방자한 폭도, 니느웨 사람들의 목숨이라 할지라도"(Diego Arenhoevel).

하느님의 정의는 자비의 정의임을 깨닫도록 하느님은 요나를 가르치신다. 온갖 상상력이 다 발휘된 하느님의 가르침은 세 단계로 진행된다.

먼저 하느님께서는 당신 예언자를 기분 좋게 만드셨다. 요나를 위해 아주까리 하나를 마련하신 것이다. 아주까리는 빨리 자라 큰 잎으로 무성했다. 나무는 시원한 그늘을 드리워 요나의 화를 누그러뜨렸다. 요나는 기뻐하여 웃었다.

그런 다음 하느님께서는 사소한 일로 상황을 반전시키셨다. 동틀 무렵 벌레 하나를 마련하시어 아주까리를 쏠게 하셨다. 게다가 뜨거운 동풍을 보내시니 요나는 거의 기절할 지경이었다. 살고 싶은 마음이 달아났다. 이 새로운 상황을 웃으면서 맞지 못하고 요나는 기존의 악습을 되풀이한다. 자신의 안위만 생각하는 줏대 없는 요나! 자신의 견해와 의도, 계획과 기대가 좌절되자 요나는 삶의 의욕을 상실하고 죽기를 자청했다.

당신 사랑을 거부하는 이 작은 예언자를 위해 크신 하느님께서 기울이시는 노력이란! 이번에도 하느님께서는 요나가 무너지게 놔두지 않으신다. 요나가 마음을 열도록 뭔가 새로운 아이디어를 내놓으신다. 그래서 물으시기를: "네가 수고하지도 않고 키우지도 않았으며, 하룻밤 사이에 자랐다가 하룻밤 사이에 죽어 버린 이 아주까리를 너는 그토록 가엾이 여기는구나! 그런데 하물며 오른쪽과 왼쪽을 가릴 줄도 모르는 사람이 십이만 명이나 있고, 또 수많은 짐승이 있는 이 커다란 성읍 니느웨를 내가 어찌 가엾이 여기지 않을 수 있겠느냐?" (요나 4,10-11). 한마디로: "얼마나 많은 문제가 여기서 벌어지고 있는지 너는 보지 못하느냐?"

이것이 요나서의 마지막 말씀이다. 하느님께서는 늘 마지막 말씀을 하신다. 우리 삶을 위해 준비하신 마지막 말씀도 있을 것이다. 요나서가 질문으로 끝난다는 사실은 주목할 만하다. 결론을 내리지 않음으로써 요나 이야기는 동화적 성격을 탈피한다. "모두 오래오래 행복하게 잘 살았단다"로 끝날 거라고 생각하기 쉽다. 니느웨 사람들은 회개하고, 하느님의 관용으로 도시는 구원되고, 요나도 결국 증오심을 버린다고 말하고 싶을 것이다. 그러나 아니다. 요나의 변화, 곧 나 자신의 변화는 아직 완결되지 않았기 때문이다.

요나 이야기는 늘 '해피 엔드'로 끝나는 동화와 전혀 다르다. 이 이야기는 인간의 삶이 부단한 과정임을 깊이 깨닫게 하는 매우 독특한 교훈사화다. 인생은 진보, 새로운 통찰, 발견의 과정이기도 하지만 좌절로 향하는 퇴보의 과정이기도 하다. 하느님은 인간의 좁은 소견으로 상상하던 것과는 전혀 다른 분임을 아주 서서히, 큰 아픔을 통해서 배워 가는 과정이 인생이다.

요나가 이런 과정을 밟았을까? 알 길이 없다. 요나는 대답하지 않았다. 대답은 이제 독자의 몫이다. 요나 이야기를 마감하는 미완의 질문은 이제 우리를 향하고 있다. 하느님의 사랑 이야기를 인간 속에서 완결짓는 것은 우리에게 달렸다. 하느님께서 요나를 찾으셨듯이, 우리도 요나를, 우리 안의 요나를 찾아야 한다. 그래서 그에게 물어야 한다. "그대는 만인에 대한 하느님의 사랑을 믿고, 타인을 사랑으로 대함으로써 그 믿음을 드러내려 노력하는가?"

우리는 만사의 근본인 이런 믿음을 어떻게 얻는가? 무엇이 삶에서 믿음을 지속시키는가? 니느웨 사람들이 그랬듯이, 우리도 그런 믿음에 귀의하여 몸소 체험해야 한다. 세세히 말하면:

- 하느님과의 관계에서 느끼는 불안을 극복하라. 별별 의구심에도 불구하고, 아니 그 때문에라도, 하느님의 사랑을 그대 안에 받아들여라.

- 그대 스스로 행복해지려고 하지 마라. 행복에 대한 끝없는 갈망을 스스로 잠재울 수는 없는 까닭이다. 하느님께서 날마다 참되고 선하고 아름다운 것을 통해 그대에게 베푸시는 풍성한 선물에 마음을 활짝 열어라.

- 나쁜 날도 그대에겐 좋은 날이 되게 하라. 왜냐고 묻고 싶을 것이다. 위대한 은수자 안토니우스의 대답을 들어라. 그도 환난 중에 하느님께 물었다. "주님, 대관절 그때 어디 계셨습니까?" 하느님께서 대답하셨다. "나는 그 어느 때보다 그대 가까이 있었다."

- 이렇게 말하라. "나는 혼자가 아니다. 그분께서 내 곁에, 나와 함께 계시다. 그분은 당신 마음을 내게 주셨다. 그래서 나를 그릇된 것에 맡기지 않으신다."

- 하느님으로 하여금 모든 사람을 헤아릴 수 없이 한껏 사랑하시도록 하라. 그 크신 사랑의 깊이는 아무리 헤아려도 알 길이 없다.

부 록

삶이 우리의 궁극 목적이다

그때 율사와 바리사이 가운데 몇이 대꾸했다. "선생님, 그렇다면 스스로 표징을 보여 주시기 바랍니다." 예수께서 대답하셨다. "악하고 간음하는 세대가 표징을 찾지만 요나 예언자의 표징 밖에는 아무 표징도 이 세대에 주어지지 않을 것입니다. 요나가 바다 괴물의 뱃속에서 사흘 낮 사흘 밤을 지냈던 것처럼 인자도 그렇게 땅 속에서 사흘 낮 사흘 밤을 지내게 될 것입니다. 사실 심판 때는 니느웨 사람들이 함께 부활하여 이 세대를 단죄할 것입니다. 그들은 요나의 선포로 회개했기 때문입니다. 그러나 보시오, 요나보다 큰 사람이 여기 있습니다! 심판 때 남방 여왕이 함께 일어나 이 세대를 단죄할 것입니다. 그는 솔로몬의 지혜를 들으러 땅 끝에서 왔기 때문입니다. 그러나 보시오, 솔로몬보다 큰 사람이 여기 있습니다!"(마태 12,38-42).

프리드리히 니체Friedrich Nietzsche의 『인간적인, 너무나 인간적인』Menschliches, Allzumenschliches에는 '상징과 비유를 반대하는' 경구가 등장한다. "상징과 비유는 설득하되 증명하지 않는다. 때문에 학문은 이런 상징과 비유를 꺼린다. 학문은 설득하고 확신시키기보다는 표현 방법을 통해 냉철한 불신을 요구한다. 불신은 확실성이라는 황금을 얻기 위한 시금석이기 때문이다"(II.145).

우리는 어느 학자의 태도에서 이런 냉철한 불신을 엿본다. 어느 날 한 학자가 사후 영생에 대한 자신의 불신을 증명하려고 랍비를 찾아갔다. 서재에 들어서니 랍비는 왔다갔다하며 책을 읽고 있었다. 랍비는 책에 빠져 손님이 온 줄도 몰랐다. 마침내 왔다갔다하기를 멈춘 랍비는 그 학자를 언뜻 흘겨 보더니 이렇게 말했다. "어쩌면 그게 맞을지도 몰라!" 학자는 정신을 바짝 차리려 했으나 뜻대로 잘되지 않았다. 오금이 저렸다. 랍비의 그 짧은 한마디가 무섭게 들렸다. 그를 향해 돌아선 랍비는 낮고 태연한 음성으로 이렇게 말했다. "잘 듣게. 그대가 논쟁한 토라의 대가들이 그대에게 많은 말을 쏟아 놓았을 때, 그대는 비웃었네. 그들은 그대에게 하느님과 그 나라를 보여줄 길이 없고 나 역시 그러하다네. 하지만 '어쩌면 그게 맞을지도 모른다'고 생각해 보게." 학자는 즉각 반박하고 싶었지만 그 "어쩌면"이 자꾸 떠올라 차마 그럴 수가 없었다.

이 이야기는 우리가 불신자들을 접할 때 가끔 겪을 수 있는 체험을 서술한다. 사후 영생을 부정하는 사람들은 대부분 신념에 차 있다. 하지만 이들이 발 딛고 선 기반은 얼마나 허약한가! "어쩌면 그게 맞을지도 모른다"라는 소박한 언급만으로도 흔들릴 기반이다.

"어쩌면"이라는 불확실성을 믿음의 확실성으로 고양시키는 것이 예수의 주된 관심사였다. 그분은 상징과 비유를 사용하셨다. 이 점, 율사와 바리사이들을 자극했다. 예의 저 학자처럼 증명을 요구했다. 하지만 예수도 예언자 요나의 표징 말고는 보여 줄 것이 없었다. "요나가 바다 괴물의 뱃속에서 사흘 낮 사흘 밤을 지냈던 것처럼 인자도 그렇게 땅 속에서 사흘 낮 사흘 밤을 지내게 될 것입니다." 이로써 예수께서는 죽은 지 사흘만의 부활을 약속하셨다. 이 약속이 지켜진 것이 우리에게는, 우리의 부활도 확신할 근거를 제공한다. 죽음이 아니라 삶이 우리의 궁극 목적이다.

그러나 이것이 어떻게 가능한가? 우리 신앙의 선조들은 물고기 상징에 기대어 말했다: 우리에게 예수 그리스도는 구원의 물고기다. 그들은 물고기를 뜻하는 그리스어 *ICHTHYS*로 자신들의 신앙을 공고히했다. 철자 순으로 *ICHTHYS*는 "하느님의 아들 예수 그리스도는 구원자시다"*Jesus Christos Theou Hyos Soter*라는 뜻이다. 말하자면: 물고기가 요나를 제 뱃속에 받아들여 죽음의 심연에서 보호했듯이, 예수께서도 세례의 신비 안에 우리를 받아들여 영원한 죽음에서 보호하신다.

예수 그리스도에서 비롯된 삶을 살고 그분을 지향하여 삶을 영위하는 사람은 세례를 실천하는 사람이다. 이 뜻을 사도 바울로는 이렇게 새긴다. "우리 가운데는 자신을 위해 사는 이란 없으며 자신을 위해 죽는 이도 없습니다. 우리는 산다면 주님을 위해 살고 죽는다면 주님을 위해 죽습니다. 살아도 죽어도 우리는 주님의 것입니다"(로마 14,7-8).

얼마나 단순하고 심오하며 고요하고 평화로운 고백인가! 자신을 위한 삶을 마감하고 그리스도와 함께 남을 위한 삶을 시작하면, 우리도 이 고백을 공유하게 된다. 자기만을 위한 삶은 구원받지 못한 사람의 삶이다. 이런 사람은 매사에 자기만 챙긴다. 반면, 우리는 그리스도인의 삶이 '남을 위한 삶'임을 예수 그리스도를 보고 안다. 그리스도인은 존재친화적이다. 우리는 누굴 위해 사는가? 우리의 행위가 누구에게 도움 되는가?

무엇이 중요한지는 안소니 블룸Anthony Bloom이 분명히 가르쳐 준다. 그는 1914년 스위스 로잔에서 태어났다. 파리에서 의사로 일할 때 수도원에 입회하기로 결심했고, 훗날 사제로 서품되었다. 1962년에는 영국과 아일랜드의 러시아 정교회 대주교가 되었다. 그가 어느 인터뷰에서, 의사이자 수도자이던 시절을 통해 무엇을

배웠느냐는 질문을 받았다. 그는 예를 들어 대답했다:

"외과 의사로 일하던 어느 날, 사고로 손가락뼈를 심하게 다친 환자가 찾아왔습니다. 과장이 환부를 보더니 내게 말하더군요. '절단하게.' 경솔한 결정이었습니다. 지시대로 했다면 5분도 채 걸리지 않았겠지요. 이야기 끝에 나는 그가 시계수리공이라는 것을 알았습니다. 손가락을 절단하면 생업은 끝이었을 것입니다. 손가락을 치료하는 데 5주나 걸렸습니다. 덕분에 그는 네 손가락이 아니라 다섯 손가락 다 멀쩡한 채 퇴원할 수 있었습니다. 그날 이후 내 삶의 최우선은 인간적 배려였습니다. 그리고 기도했습니다. … 나는 주님 앞에, 얼굴을 맞대고 서 있었습니다. 그저 그분 곁에 있고 싶을 뿐이었습니다."

예수 그리스도께 속한 사람은 자신을 위해 살지 않는다. 자신을 위해 죽지도 않는다. 자신을 위한 죽음에는 아무 희망이 없다. 스스로를 죽음에서 구할 수 있는 사람은 아무도 없기 때문이다.

다시 예수의 말씀을 들어 보자. "요나가 바다 괴물의 뱃속에서 사흘 낮 사흘 밤을 지냈던 것처럼 인자도 그렇게 땅 속에서 사흘 낮 사흘 밤을 지내게 될 것입니다." 이 비유 말씀으로 예수께서는 당신이 인간임을 드러내신다. 다른 사람과 같은 대열에 설 수 있는 이가 인간이기 때문이다. 강생하심으로써 예수께서는 이미 그렇게 하셨다. 강생하심으로써 가난한 이와 미천한 이의 운명에 동참하셨다. 세례를 받으심으로써 죄인의 대열에 합류하셨다. 죽으실 때는 죄수들과 함께 십자가에 달리셨다. 엠마오 가는 길에 그분은 슬픔에 겨운 두 제자 사이에 계셨다. 이렇게 인간 예수는 우리 삶의 근저에 이르기까지 우리와 함께하신다. 우리가 혼자라고 생각할 때도 그분은 우리 곁에 계시다. 그분의 심오한 인간성이 바로 여기 있다.

예수께서 말씀하신다. "보시오. 요나보다 큰 사람이 여기 있습니다." 이 말은 당신의 신성神性을 표현한다. 요나는 하느님의 사랑과 자비를 배우는 제자에 지나지 않았다. 그러나 예수께서는 하느님의 사랑과 자비 자체이시다. 이 사랑과 자비 속에서만 우리는 마침내 안식하고 보호받는다. 이 사랑과 자비만이 영생에 대한 희망의 근거다. 구원의 물고기가 요나에게 왔듯이, 예수 그리스도는 우리를 죽음의 심연에서 구하기 위해 오시는 분임을 우리가 믿기 때문이다.

어느 1차 대전 비망록은 같은 부대 소속의 두 병사에 관한 이야기를 전한다. 한 병사가 전장에서 부상으로 쓰러져 칠흑 같은 어둔 밤을 고통과 싸우고 있었다. 다른 한 병사는 친구를 구하기 위해 목숨을 걸고 참호를 뛰쳐나왔다. 천신만고 끝에 부상당한 친구를 찾았을 때, 친구가 말했다. "자네가 올 줄 알았네."

다니엘이 생각난다. 하느님께서 하바꾹을 보내 다니엘을 사자 굴에서 구하셨을 때, 다니엘은 외친다. "하느님, 당신께서 저를 기억해 주셨습니다. 당신을 사랑하는 이들을 저버리지 않으셨습니다"(다니 14,38). 예수께서 라자로를 무덤에서 살리셨을 때(요한 11,43 참조), 어쩌면 라자로도 그렇게 말했을 것이다. 예수 그리스도께서 죽음의 어둠 속에서 우리의 유일한 구원자가 되시거든, 우리도 같은 말을 하자. "죽음의 어둠에서 영원한 생명의 빛으로 인도하시기 위해 당신이 오실 줄 제가 알고 있었나이다."

다들 요나 같은 존재다

양심성찰 8막
마야 토미

이제 낯익은 이야기 하나를 묵상하자. 아래의 **독서**와 **묵상**과 **성찰**을 마음으로 받아들이면, 우리는 자신을 새롭게 발견할 수 있을 것이다. 우리 모두가 요나 같은 존재이기 때문이다. 요나를 이렇게 그려 보자:

- 구약성서의 인물 요나.
- 우리 자신과 밀접히 관련된 요나.
- 인간에 대한 하느님의 신의를 이야기하는 요나.

· 제1막 ·

부르심과 달아남

독서: 요나 1,1-3

묵상: 요나는 하느님께 응답한다. "주님, 제가요? 천만에요! 제가 할 일은 아니죠. … 다른 일이면 몰라도 이건 절대 아닙니다. 저더러 그렇게 교만하고 방탕한 인간들에게 가라고요? 그리는 못합니다. 그들이 날 비웃고 웃음거리로 만들 게 뻔한데 …. 니느웨가 어찌 되든 말든 저는 거기 안 갑니다. 저는 **제 갈 길** 갑니다, 주님! 제 맘대로!"

이것이 예언자 요나다. 하느님에게 구체적 소명을 들은 예언자 요나.

성찰: 나도 요나다. … 사람은 모두 요나다.
- 주님 말씀이 내게도 가끔 내리는가?
- 나는 얼마나 소명의식을 깨닫고 있는가?
- 나는 가끔 내면의 소리를 듣는가: "내가 그대에게 말하는 것과 원하는 바를 행하라."
- 그 순간 나도 하느님의 부르심에 귀먹는가?
- 나는 얼마나 자주 내 뜻만 밀고 나갔던가?
- 나는 하느님의 뜻과는 전혀 다른 쪽으로 달아나고 있다.

· 제2막 ·

요나, 죄를 고백하다

독서: 1,4-16

묵상: 주사위는 던져졌다. 요나는 죄지었다. 그래서 고백한다. "사실대로 말하겠소. 나는 하느님을 피하여 달아나고 있소. 이에 대한 대가는 내가 치를 것이오. 모든 불행의 책임은 내게 있소. 나를 바다에 던지시오."

성찰: 나는 살면서 얼마나 자주 죄짓고 있는가?
- 나는 하느님과 이웃 앞에서 내 죄를 시인하는가?
- 내가 저지른 불의를 되갚을 각오가 되어 있는가?
- 배에서 쫓겨날 때, 남에게 짐이 된다는 이유로 방출될 때, 그때 기분이 어떤가?

· 제3막 ·
물고기 뱃속의 요나

독서: 2,1-10

묵상: 혼란해진 요나가 묻는다. "나는 어디에 있는가? 누가 나를 막는가? 나는 끝났다. … 갇혀 버렸다. 빠져나갈 구멍이 없다. 내가 여기서 망하는구나 …."

성찰: 나는 얼마나 희망 없이 살았던가?
- 느닷없이 앞길이 막힌 적이 얼마나 잦았던가?
- 하느님은 나를 얼마나 자주 당신 자비로 감싸 주셨던가?
- 하느님은 얼마나 자주 각성과 정화와 변화의 가능성을 내게 베푸셨던가?
- 어려울 때만 하느님을 떠올린 적은 없었던가?
- 어려울 때 다시 떨치고 일어날 새 힘이 내게 주어짐을 얼마나 자주 체험했는가?

· 제4막 ·
요나, 다시 땅을 딛다

독서: 2,11; 3,1-4

묵상: 요나는 기쁨에 겨워 외친다. "나는 다시 땅에 발 딛고 있다. … 이제 다시 걸을 수 있다. … 과거는 지나갔고 … 나는 살아 있다. 하지만 뭘 위해서?"
 하느님 말씀이 새롭게 요나에게 내린다.

성찰: 물고기 뱃속에서 극심한 고통을 겪은 요나는 하느님의 소명을 실현하겠노라 다짐한다.

- 어려울 때 나는 얼마나 자주 하느님과 의논하고, 하느님께 다짐을 드리는가?
- 하느님의 부르심에 새삼 마음을 열고 순종하기를 배우려면 나도 늘 어둠, 고통, 절망을 겪어야 하는 것이 아닌가?

· 제5막 ·
니느웨 사람들의 회개

독서: 3,5-10

묵상: 니느웨 사람들은 하느님을 모르고 살았다. 그들 안에 사랑의 불은 꺼졌다. 생각은 악으로 가득했다. 멸시 · 질투 · 악의가 흘러 넘쳤다.

성찰: 하느님이 내 생각과 행위와 삶의 중심이 되지 못했던 적이 얼마나 많았던가?

- 내 안에 불 꺼지고 잿더미만 남은 적이 얼마나 많았던가?
- 하느님의 사랑 선물에 마음 열지 않고 인색하게 군 적이 얼마나 많았던가?
- 니느웨 사람처럼 산 적이 얼마나 많았던가? 주님, 저에게 자비를 베푸소서.

· 제6막 ·
요나, 하느님의 자비에 분노하다

독서: 4,1-3

묵상: 요나는 옛날로 돌아간다. 자존심이 상했다. 속이 황무지처럼 쓸쓸하다. 그래서 따진다. "하느님, 도대체 말이 안 됩니다! 저 못된 니느웨 사람들을 어쩌시려고요? 그들은 당신의 자비를 입을 자격이 없습니다."

요나는 아직도 니느웨의 멸망을 바라고 있다. 하느님의 분부로 자신이 직접 니느웨 사람들에게 예언하지 않았던가! 그의 계산은 들어맞지 않았다. 하느님의 사랑은 셈하지 않는다는 사실을 몰랐던 것이다.

성찰: 하느님에 대한 나의 예측은 얼마나 초라한가?
- 하느님 일에 대한 나의 상상은 얼마나 빈약한가?
- 남의 징벌을 원하는 짓 따윈 이제 그쯤 하면 되지 않았나?

· 제6막 ·

하느님, 요나를 가르치시다

독서: 4,5-10

묵상: 요나는 부르짖는다. "제 안에 벌레가 있습니다. … 하느님, 당신은 제게 아무것도 허락하시지 않는군요. … 아주 작은 기쁨조차도 …. 이것이 바로 저를 좀 먹고 있습니다."

요나는 비본질적인 것에 얽매여 쉬이 실망한다. 이렇게 사느니 차라리 죽고 싶다. 참고 견디느니 도망치는 게 낫겠다.

요나는 내면의 그림자와 늘 싸워야 할 것이다. 그래도 하느님은 그를 끝없이 사랑하신다. 어쩌면 몇 번 더 물고기 뱃속에 들어가야 할지도 모르겠다.

성찰: 나도 얼마나 자주 자기연민 때문에 만사를 버리고 끝장낼 뻔했던가?

- 참고 견디는 일이 내게도 그렇게 어려운가?
- 지금까지 하느님은 나 때문에도 얼마나 많이 참으셨던가?
- 그분의 자비와 사랑은 나를 얼마나 많이 거두어 주셨던가?

· 제8막 ·
그 무엇도 우리를
하느님 사랑에서 떼어 놓지 못한다

독서: 4,11

묵상: 하느님께서는 우리의 선의지도 보신다. 우리도 멸망에서 구하신다. 우리 마음에도 새 삶을 일깨우신다. 오랜 옛적 그랬듯이, 우리 안에도 당신 사랑의 불길을 당기신다.

성찰: 우리는 하느님의 돌보심을 얼마나 자주 깨닫는가?

- 그분께서는 우리 눈을 열어 줄 당신의 사자를 얼마나 자주 보내셨던가?
- 우리 모두 요나다!
- 우리 모두 한때는 니느웨 사람이다!
- 우리도 그들처럼 은총을 입었다. 에두르긴 했지만 예까지 하느님 곁에, 하느님 안에 머물 수 있었다.

주님, 당신께 감사드리나이다.
주님, 당신을 찬미하나이다.
주님, 당신을 찬양하나이다.

저희 가까이 오시어 언제까지나 저희를 당신 사랑으로 거두어 주소서.

참고 문헌

ANDRES, Stefan, *Der Mann im Fisch*, München: Piper 1963.

ARENHOEVEL, Diego, "Der Mann Jona", in: *Wort und Antwort* 13 (1972) 189f.; 14 (1973) 30f. 61f. 93f.

BÖSINGER, Rudolf, *Vision der Wende – Jona*, Lahr/Schwarzwald: Schauenburg 1972.

CAMUS, Albert, *Die Pest*, rororo Taschenbuch-Ausgabe, Nr. 15.

DEISSLER, Alfons, "Jona", in: *Zwölf Propheten II, Die Neue Echter Bibel*, Würzburg: Echter 1984, 149-164.

DIX, Nelly, "Jonas", in: *Der Herr ist über Land gefahren. Erzählungen und Bilder nach dem Alten Testament*, München: Schloendorn 1961.

GNILKA, Joachim, "Bild und Gleichnis in der Botschaft Jesu", in: *Bild-Wort-Symbol in der Theologie*, hrsg. von Wilhelm Heinen, Würzburg: Echter 1969, 98-102.

HALLER, Eduard, *Die Erzählung von dem Propheten Jona*, München: Chr. Kaiser 1958.

LANGER, Heidemarie u.a., *Wir Frauen in Ninive. Gespräche mit Jona*, Stuttgart: Kreuz 1984.

LOHFINK, Gerhard, "Das Gleichnis vom gütigen Vater", in: *Bibel und Leben* 13 (1972) 138-146.

LORETZ, Oswald, "Das Buch Jona", in: *Gotteswort und menschliche Erfahrung*, Freiburg i.Br.: Herder 1963, 15-37.

MAGONET, Jonathan, "Jüdisch-theologische Beobachtungen zum Buch Jona", in: *Bibel und Leben* 13 (1972) 153-172.

MEVES, Christa, "Die zeitlose Wahrheit der Jona-Geschichte", in: *Die Bibel antwortet uns in Bildern. Tiefenpsychologische Textdeutungen im Hinblick auf Lebensfragen heute*, Freiburg i.Br.: Herderbücherei 461, 1973, 42-54.

MÖLLERFELD, Johannes, "'Du bist ein gnädiger und barmherziger Gott' (Jonas 4,2)", in: *Geist und Leben* 33 (1960) 324-333.

MOLTMANN-WENDEL, "Elisabeth", in: Heidemarie Langer u.a., *Wir Frauen in Ninive. Gespräche mit Jona*, Stuttgart: Kreuz 1984.

RAD, Gerhard von, "Der Prophet Jona", in: *Gottes Wirken in Israel*, Neukirchen-Vluyn: Neukirchener Verlag 1974, 65-78.

STEFFEN, Uwe, *Jona und der Fisch. Der Mythos von Tod und Wiedergeburt*, Stuttgart: Kreuz 1982.

STENDEBACH, Franz Josef, "Der trotzige Prophet – Jona", in: *Glaube bringt Freude. Das Alte Testament und die Frende an Mensch und Welt*, Würzburg: Echter 1983, 111-117.

WOLFF, Hans Walter, *Dodekapropheton 3, Obadja und Jona*, Neukirchen-Vluyn: Neukirchener Verlag 1977.